Devenir Riche Avec Un Blog De Curation: Créer Un Blog D'Expert Qui Cartonne Et Gagner De L'Argent Sans Créer D'Articles Avec La Curation.

TABLE DES MATIÈRES

INTRODUCTION.

Bienvenue dans cette formation qui va vous montrer une nouvelle manière de réussir simplement et beaucoup plus rapidement qu'avant avec le blogging sans avoir à créer d'articles.

Il s'agit de créer un blog de curation, qui consiste à utiliser le contenu généré par les autres utilisateurs et en le partageant de manière éthique, honnête, et tout en maximisant l'engagement de vos lecteurs, votre positionnement dans les moteurs de recherche, votre trafic et bien entendu vos gains d'argent.

La très grande majorité des gens qui se lancent dans ce modèle de business très attractif et prometteur échouent (qui est le modèle utilisé par Google, Facebook ou Youtube comme on le verra).

En effet, bien que la curation soit peut-être le moyen le plus simple, rapide et ludique pour gagner beaucoup d'argent avec un blog et construire un blog d'expert, il y a de nombreux pièges qui peuvent vous faire totalement échouer.

Il faut en effet suivre un processus simple mais précis pour être sûr de faire le bon choix de niche, de mettre en place la bonne structure sur votre blog, de choisir les meilleures sources de contenu, ou de créer vos articles de curation sans passer pour un voleur de contenu et pour être bien référencé dans Google.

Chacune de ces étapes est primordiale pour réussir avec un blog de curation.

Malheureusement, la grande majorité des débutants se lance à l'aveuglette et se contente de copier-coller des articles intéressants sur leur blog en mettant leur nom à la place de celui de l'auteur.

Ils placent ensuite une ou deux bannières de publicité sur leur blog puis prient pour que les gens cliquent dessus pour le monétiser.

Voler ainsi du contenu sans réelle stratégie pour gagner de l'argent n'est pas du tout ce qu'on peut appeler de la curation, mais plutôt de l'amateurisme bas de gamme.

C'est tout le contraire de ce que cette formation va vous apprendre.

Vous allez voir comment faire de la curation éthiquement, de manière à ce que l'auteur auquel vous empruntez le contenu soit aussi gagnant que vous et reconnaissant que vous partagiez son contenu.

Vous allez voir de réelles stratégies pour gagner de l'argent avec la curation, pour vous créer une véritable communauté de fans qui vous aiment, et pour optimiser votre référencement par les moteurs de recherche.

En définitive, vous allez voir qu'il est réellement simple et rapide de gagner de l'argent avec un blog de curation et d'être perçu comme un expert dans votre thématique, quand on sait comment s'y prendre.

Voici tout ce que vous allez apprendre en 7 modules, qui vont vous guider pas-à-pas à mettre en place votre blog de curation, prêt à l'emploi.

Module #1.

A la fin de ce module, vous aurez compris ce qu'est la curation et son principe général de fonctionnement.

De plus, vous découvrirez les avantages énormes que représente ce modèle de blogging, largement utilisé par les sites web qui génèrent le plus de revenus sur Internet.

Vous découvrirez également les 4 étapes du processus de curation. Ces 4 étapes seront chacune détaillées dans un module dédié.

A la fin de ce module, vous aurez donc une solide vision d'ensemble de la curation et aurez fait le tour des questions les plus posées.

Les 4 modules suivants vont être dédiés à détailler les 4 étapes du processus de curation, qui vous guideront pas-à-pas vers la mise en place complète de votre blog de curation.

Module #2.

Ce deuxième module va détailler la première étape du processus de curation et vous montrer comment trouver une niche rentable pour votre blog.

Vous y verrez deux moyens principaux pour choisir une niche rentable et qui vous intéresse, ainsi qu'une méthode pour réaliser une recherche de marché simplifiée pour valider la rentabilité de votre niche.

Une fois votre niche sélectionnée, vous n'aurez plus besoin de revenir à cette étape du processus.

Vous pourrez alors passer à la deuxième étape avec le module suivant.

Module #3.

Ce troisième module va détailler la deuxième étape du processus de curation, et vous montrer comment mettre en place la structure de votre blog.

Vous y choisirez vos catégories, et vous découvrirez comment choisir les mots-clés et les tags de vos posts de blog, ainsi que comment écrire vos liens hypertexte.

A la fin de ce module, toute la structure de votre blog sera opérationnelle, et vous n'aurez plus besoin de retourner à cette étape.

Vous pourrez passer alors à la troisième étape dans le module suivant.

Module #4.

Ce quatrième module détaille la troisième étape du processus de curation.

Vous allez voir ici comment sélectionner les meilleures sources de contenu que vous allez utiliser par la suite pour y puiser le contenu pour vos articles en curation.

Vous découvrirez dans ce module les différents types de contenu pour faire de la curation, et les endroits où trouver le contenu.

Une fois que vous aurez sélectionné toutes vos sources, vous n'aurez plus besoin de revenir à cette étape.

Vous pourrez alors passer à la quatrième étape du processus de curation avec le module suivant.

Module #5.

Ce cinquième module détaille la quatrième et dernière étape du processus de curation.

Elle va vous montrer comment créer votre article de curation éthiquement pour que les auteurs des articles soient aussi gagnants et contents que vous partagiez leurs articles.

Vos articles seront également optimisés pour être positionnés en première page dans les moteurs de recherche, et pour bâtir un lectorat de fans qui aimeront votre personnalité.

Vous découvrirez également 10 structures à recopier pour créer des articles de curation facilement, rapidement et avec des modèles variés qui combleront la volonté de diversité de vos lecteurs.

Une fois que vous saurez créer un article en curation, vous pourrez utiliser la procédure et les structures vues dans ce module à chaque fois que vous voudrez créer un nouvel article en curation.

Ce module termine le processus en 4 étapes de curation, et le prochain vous montrera des outils pour aller plus vite.

Module #6.

Vous allez voir dans ce module les meilleurs outils de curation qui vont vous permettre d'aller beaucoup plus vite pour créer des articles en curation, et de gagner 3 à 4 fois plus de temps.

Vous y découvrirez les outils pour rechercher plus facilement vos sources de contenu, ainsi que des outils de publication.

Le module se terminera par des conseils d'utilisation concernant les outils que vous choisirez.

Vous pourrez ensuite passer au dernier module de la formation.

Module #7.

Ce septième module va vous montrer pas moins de neuf stratégies puissantes pour gagner de l'argent avec votre blog de curation.

Vous découvrirez enfin un ensemble de derniers conseils concernant la publication afin de gagner un maximum de temps et de tirer un maximum de résultats de votre blog de curation.

A la fin de cette formation, vous aurez donc votre blog de curation complètement opérationnel, et prêt à vous rapporter beaucoup d'argent avec de solides stratégies en place.

Vous saurez comment créer des articles de curation qui vont plaire à vos lecteurs et de manière éthique.

Votre blog sera très rapidement perçu comme un blog d'expert dans votre thématique.

Il n'aura plus rien à voir avec les blogs de débutants qui se lancent dans la curation, et qui ne gagnent que des miettes en volant du contenu, et en obtenant un blog perdu dans la masse et laissant les lecteurs froids et indifférents.

Vous pourrez alors dupliquer facilement et rapidement cette même procédure pour créer autant d'autres blogs de curation que vous voulez, et générer ainsi à terme une véritable fortune par des rentrées d'argent multiples.

Entrons tout de suite dans le vif du sujet avec le module 1.

MODULE #1: COMPRENDRE COMMENT FONCTIONNE LA CURATION.

Dans ce premier module, vous aurez une solide vision d'ensemble de ce qu'est la curation et de la manière dont elle fonctionne.

Vous verrez dans un premier temps une définition de la curation, suivi de son principe de fonctionnement général.

Vous découvrirez ensuite l'ensemble des énormes avantages qu'offre la curation, et vous verrez plusieurs exemples de sites web qui fonctionnent sur ce modèle de business.

Le processus en 4 étapes de curation vous sera ensuite exposé. Comme on l'a précisé dans l'introduction, chaque étape de ce processus fera l'objet d'un module.

Pour terminer ce premier module, vous aurez la réponse aux 11 questions les plus posées sur la curation.

A la fin de ce module, vous serez prêt à attaquer les 4 étapes du processus de curation, étant armé de toutes les connaissances et pré-requis nécessaires.

I.1- Qu'est ce que la curation.

On peut définir la curation en disant que c'est le processus qui consiste à trouver et partager du contenu de grande qualité éthiquement et honnêtement.

Autrement dit, la curation consiste à utiliser et partager le contenu des autres blogs et sites sur votre propre site, mais de manière éthique.

L'aspect éthique de la curation est fondamental. C'est ce qui va distinguer une personne qui va copier un article entier et le coller tel quel sur son site en mettant son nom, et une personne qui va n'utiliser qu'une partie de cet article et donner une attribution complète à l'auteur d'origine.

Vous verrez bien évidemment comme faire de la curation de manière complètement éthique, afin qu'il y ait deux gagnants : vous et le créateur du contenu.

Concernant les contenus, il peut s'agir aussi bien d'articles texte que de podcasts audio, ou encore de vidéos.

La grande idée derrière la curation est de faire profiter votre blog de cette nouvelle vague et structure de fonctionnement qui consiste à utiliser le contenu généré par les autres et par les utilisateurs.

C'est d'ailleurs exactement cette structure qu'utilisent les plus gros sites qui cartonnent et qui ont connu des décollages fulgurants tels que Facebook, Youtube ou Pinterest.

Nous verrons par la suite des exemples précis de la manière dont ces grands sites utilisent le contenu généré par les utilisateurs.

I.2- Principe de fonctionnement général de la curation.

Le principe général de curation fonctionne en cinq étapes :

1- Rassembler la meilleure information.

La première étape consiste à rassembler la meilleure information. En effet, vous connaissez certainement cinq à dix sites dans votre thématique qui sont des sites de référence et qui publient du contenu original régulièrement.

Cette étape va donc rassembler l'ensemble des ressources qui fournissent la meilleure information possible sur votre thématique.

2- Organiser cette information.

La deuxième étape consiste à organiser cette information et à la mettre en forme.

Comme on l'a évoqué, la curation doit être un processus gagnant-gagnant. Il ne s'agit donc pas de voler un article et de mettre votre nom de dessus.

Par contre, si vous prenez par exemple deux paragraphes d'un article qui vous semble pertinent et que vous citez le nom de la personne qu'il l'a écrit en mettant un lien vers son site web, ça devient une toute autre histoire, et l'auteur vous remerciera certainement car vous lui faites de la publicité tout en profitant de son contenu de qualité.

3- Partager cette information à votre public.

Cette étape consiste à partage et diffuser l'information à votre audience par votre blog.

4- Laisser le public consommer l'information.

Cette étape laisse simplement votre audience consommer l'information que vous venez de diffuser.

5- Discuter de l'information (Optionnel).

Cette dernière étape est optionnelle. Elle consiste à échanger avec vos lecteurs et à débattre l'information en curation que vous avez partagée avec eux.

Vous pouvez faire ça par exemple dans les commentaires Wordpress, ou avec un plugin Facebook pour permettre aux gens qui sont sur Facebook de commenter directement sur votre blog avec leur profil Facebook.

Cette dernière option donne au passage une bien plus grande qualité dans les commentaires, car ceux-ci ne sont pas anonymes et les gens ne vont donc pas raconter n'importe quoi.

I.3- Les 7 avantages de la curation.

Il y a de nombreux avantages à faire de la curation, aussi bien pour vous que pour vos lecteurs.

Voici sept avantages principaux de la curation pour vous et vos lecteurs :

1- Plus facile.

La curation est beaucoup plus facile car vous n'avez pas besoin d'écrire d'articles ou tourner des vidéos par vous-mêmes.

En effet, beaucoup de gens ne savent pas comment écrire un article ou n'aiment tout simplement pas écrire. De même, beaucoup de personnes ne savent pas tourner une vidéo, ne sont pas à l'aise devant la caméra ou n'ont pas le matériel nécessaire, etc.

2- Plus rapide.

Avec la curation, vous n'avez plus besoin de passer vos journées à entretenir votre blog.

En moins de deux heures, vous pouvez avoir cinq à sept articles de qualité près et planifiés sur votre blog.

C'est un processus extrêmement rapide qui ne vous demandera qu'un très faible investissement en temps.

3- Vous couvrez plus de niches en moins de temps.

L'une des clés pour gagner beaucoup d'argent sur Internet réside dans la création de plusieurs flux d'entrées d'argent.

La curation se prête parfaitement bien à pouvoir créer rapidement plusieurs blogs sur des niches différentes, ou sur des segments plus spécialisés de votre thématique en question.

De cette manière, vous allez pouvoir avoir très facilement et rapidement de multiples sources de rentrées d'argent, qui en se combinant vont vous créer une véritable fortune.

4- Plus rentable pour la plupart des gens.

La curation est beaucoup plus rentable pour la majorité des gens car elle supprime toutes les difficultés liées à la création de contenu qui empêchaient la plupart de réussir à faire tourner un blog.

De plus, par le fait de pouvoir créer des articles très rapidement, vous obtenez un retour sur investissement maximum par rapport au temps que vous y passez.

5- Fait gagner du temps à vos lecteurs car tout est centralisé.

Un blog de curation va vous permettre de faire gagner un temps fou à vos lecteurs.

Plutôt que de perdre du temps à chercher ou à regarder une dizaine de sites sur le sujet qui les passionne, ils vont savoir qu'il suffit d'aller sur votre site pour voir d'un seul coup toutes les meilleures informations sur ce sujet.

Vous leurs faites ainsi gagner énormément de temps, et ils vous remercieront pour ça par exemple en achetant vos produits ou en cliquant sur les liens d'affiliation que vous proposez.

6- Offre des ressources expertes et fiables.

Vos lecteurs savent qu'en allant sur votre blog, ils trouveront seulement des ressources fiables et de information d'expert.

Votre blog devient ainsi une référence et est perçu comme offrant des informations hautement fiables et de qualité. Vous vous propulsez ainsi dans le haut du panier.

7- Crée un sens de communauté et de connexion.

En regroupant ainsi les gens autour de votre thématique, vous créez un solide sens de communauté et de connexion avec les gens.

Vous développez ainsi le bouche à oreille et le trafic et popularité de votre blog grandissent à vue d'oeil.

I.4- Exemples de curation.

Voici quelques exemples spécifiques de sites qui utilisent la curation.

Vous allez ainsi voir que la curation est le modèle de business aussi bien d'entreprises qui gagnent des milliards d'euros que de petits sites spécialisés sur une thématique donnée.

Voyons d'abord voir les sites de **réseaux sociaux**.

Facebook.

C'est exactement ce que fait Facebook. Il ne crée aucun contenu mais fonctionne sur la base du contenu créé et partagé par des millions d'utilisateurs.

Pinterest.

C'est une sorte de Facebook avec des images. De la même manière, Pinterest ne crée rien, il rassemble juste du contenu sous formes d'images sur des thèmes particuliers, qui peuvent êtres ensuite partagées.

Linkedin.

Il s'agit d'un site lié au business, qui partage des profils de personnes créés sur sa plateforme. A la base, Linkedin est vide, et ce sont les personnes qui l'ont rempli avec leurs profils qui sont ensuite partagés sur le site.

Voyons maintenant voir des sites tels que **les moteurs de recherche** qui utilisent la curation.

Google.

Google ne crée pas de contenu en tant que tel. Il utilise simplement des algorithmes complexes permettant de proposer du contenu pertinent en tapant un mot-clé donné. Mais si les sites de contenu n'existaient pas, Google n'existerait pas.

Youtube.

C'est la même chose que Google mais avec les vidéos. Ce sont les gens qui créent les vidéos, et ensuite Youtube les regroupe et les partage. Mais Youtube en soit ne crée aucun contenu. Il se base sur le contenu créé par les autres.

Bing et Yahoo.

De la même manière que pour Google, ces deux autres moteurs de recherche n'existeraient pas sans le contenu créé par les utilisateurs.

Voyons maintenant la curation sur des **sites privés** et des sites d'**e-commerce**.

Huffington Post.

Le Huffington Post rassemble du contenu et des articles provenant de nombreuses personnes ayant des points de vue différents, en pensant que leurs lecteurs vont trouver ces articles intéressants.

Amazon.

Amazon fait en quelque sorte de la curation de produits. Les gens ajoutent leurs produits sur Amazon, qui serait une plateforme vide s'il personne ne rajoutait aucun produit.

Ebay.

Ebay est une entreprise de courtage qui propose de vendre des produits aux enchères que les gens mettent sur leur site. Les annonces de ces produits sont partagées sur Ebay. Mais de la même manière, si personne ne mettait des annonces, Ebay n'existerait pas.

Voyons maintenant quelques exemples de **sites d'information**.

Wikipédia.

Wikipédia est une grande encyclopédie qui fonctionne sur la base de personnes qui créent des articles sur tous les sujets pour l'alimenter et l'enrichir. Ces informations sont alors partagées en étant disponibles pour tous.

Drudge Report.

Drudge Report possède un trafic gigantesque. Cela dit, ce n'est pas le site qui crée les histoires et les actualités. Il se contente de mettre un lien vers les autres sites qui sont les auteurs des différentes actualités.

Ainsi, vous pouvez voir que dans tous ces cas, ce ne sont pas les sites qui créent le contenu mais ce sont les autres personnes et les utilisateurs.

Vous voyez que la curation est un modèle de business non seulement prouvé, mais aussi largement accepté et respecté.

Par ailleurs, c'est un modèle qui cartonne car une quantité impressionnante de sites web se placent au sommet du classement Alexa.

I.5- Le processus en 4 étapes pour faire de la curation.

Voici le processus en 4 étapes pour faire de la curation. Chacune de ces étapes fera l'objet d'un module séparé dans les pages qui suivront.

1- Choix d'une niche.

La première étape consiste à choisir votre niche. Une niche n'est rien d'autre qu'un groupe de personnes qui ont quelque chose en commun.

Par exemple, ça peut être l'ensemble des femmes de 18-35 ans, l'ensemble des passionnés de natation en France, ou encore l'ensemble des habitants de Bordeaux.

Et ça peut aussi être l'ensemble des femmes de 18-35 ans habitant Bordeaux qui sont passionnées de natation.

Il y a tellement de niches qu'on peut facilement s'y perdre. Vous verrez ainsi dans le module suivant comment très facilement trouver une niche rentable et qui vous plaît.

2- Mise en place de la structure.

La deuxième étape consiste à bâtir la structure avec laquelle vous allez diffuser et partager votre contenu.

Beaucoup de gens utilisent Wordpress, mais le choix de la plateforme vous appartient vraiment.

Vous verrez dans le module correspondant à cette étape comment mettre en place cette structure, et créer des choses telles que vos catégories ou vos tags pour permettre aux gens de trouver beaucoup plus facilement votre contenu sur les moteurs de recherche, et de naviguer sur votre site de manière ergonomique.

3- Sélection des sources.

Cette troisième étape consiste à sélectionner les meilleures ressources de votre thématique que vous allez utiliser pour faire de la curation de contenu.

Il s'agit d'une étape clé car c'est de la qualité de ces sources que dépendra la qualité et l'expertise de votre blog.

Vous verrez dans le module traitant de cette étape comment sélectionner les meilleures sources, à quel endroit les sélectionner, et savoir si une ressource est un bon choix ou pas.

4- Créer les articles.

Dans cette étape, vous créez les articles en curation que les gens vont lire sur votre blog. C'est le coeur de l'activité de curation.

Vous pouvez voir que le processus de curation est extrêmement simple.

De plus, le gros avantage est que vous n'allez pas avoir besoin de faire ces étapes à chaque fois.

En effet, les trois premières étapes ne sont à faire qu'une seule fois au départ. Vous n'aurez plus besoin d'y revenir par la suite.

Il n'y a réellement que la quatrième étape que vous devrez faire de manière récurrente pour créer les posts de blog que les gens liront. Cela ne vous demandera qu'un minimum de temps.

Vous pouvez-même faire sous-traiter cette activité si vous le souhaitez et utiliser le temps libéré pour autre chose, comme par exemple pour créer un autre blog en curation sur une autre thématique.

Avant de voir en détail ces quatre étapes dans les prochains modules, vous allez voir juste avant les réponses aux 11 questions les plus fréquemment posées sur la curation lorsqu'on débute.

I.6- La réponse aux 11 questions les plus fréquemment posées quand on débute en curation.

Vous allez voir dans les pages suivantes la réponse aux 11 questions que se posent le plus les débutants qui commencent avec la curation.

Vous aurez ainsi la vision d'ensemble la plus complète possible, et serez parfaitement armés des pré-requis nécessaires pour ensuite voir dans les modules qui suivront les 4 étapes détaillées du processus de curation dont on vient de parler.

Question 1 :
Combien de contenu original devez-vous mettre dans vos articles en curation?

Même s'il est tout à fait possible de réussir avec la curation en reprenant et partageant des articles tels quels que vous trouvez sans rien écrire de plus, l'idéal est que vous puissiez ajouter un minimum de votre touche personnelle avec quelques lignes supplémentaires.

L'intérêt est double.

D'une part vous ajoutez ainsi de la valeur à l'article, et d'autre part vous vous positionnez mieux pour les moteurs de recherche qui interpréteront votre article comme du contenu unique et non dupliqué.

En revanche, il n'est évidemment pas question d'écrire la totalité de l'article, sinon ce n'est plus de la curation.

Combien de contenu original et unique devez-vous alors écrire pour chaque article dont vous faites la curation ?

En général, essayez d'ajouter 20% de contenu original à tout article que vous reprenez.

Il est très facile de le faire.

Prenons un exemple.

(NB : il existe plusieurs manières de faire de la curation d'articles que vous verrez toutes en détails dans les modules suivants. L'exemple ci-dessous n'est qu'une des manières de faire, juste pour illustrer cette question n°1).

Imaginez que vous souhaitiez créer un article en curation sur un sujet particulier, en mettant le début de cinq articles que vous auriez trouvés et qui répondent à ce sujet.

Par exemple, admettons que vous souhaitiez faire un article en curation sur la manière d'avoir un ventre plat.

Vous pourriez très bien trouver un premier article qui explique les raisons qui font que votre ventre n'est pas plat, un deuxième article sur la bonne alimentation à avoir, un troisième sur la nécessité de faire du sport, un quatrième sur les mouvements d'abdominaux à faire, et un cinquième sur un planning hebdomadaire à suivre.

Vous créez ainsi votre article en curation *"comment avoir un ventre plat en 3 semaines"*, en collant les deux ou trois premiers paragraphes de chaque article les uns à la suite des autres.

Pour obtenir les 20% de contenu original écrit de votre main, il vous suffit simplement de faire une courte introduction de votre cru, éventuellement une petite phrase si besoin introduisant chacun des articles, puis une conclusion ou des commentaires.

Vous ne touchez pas au contenu des articles, mais vous ajoutez de la valeur en les introduisant, en les liant ensemble, et en partageant vos opinions.

En rajoutant cette touche personnelle et unique, vous sortez du lot et vous distinguez de tous ceux qui reprennent des articles sans aucune valeur ajoutée (même si encore une fois il est possible de faire ainsi).

Vous créez ainsi un engagement beaucoup plus fort avec vos lecteurs qui découvrent votre personnalité, et un positionnement nettement meilleur auprès des moteurs de recherche de part le contenu unique que vous ajoutez.

Question 2 :
Quelle longueur doit avoir un article en curation ?

Comme on le verra dans les modules suivants, on peut faire un article en curation à partir d'un seul autre article qu'on trouve, ou à partir d'un ensemble d'articles qui répondent à un sujet donné (comme pour le cas du ventre plat à la question précédente).

Si vous utilisez un seul article trouvé pour créer votre post en curation, essayez de faire en sorte que la partie que vous prenez de cet article et le contenu unique que vous ajoutez de votre cru (introduction, commentaires etc.) fassent au total au minimum 400 mots, mais ne dépassent pas 1000 mots.

Il sera très facile de vérifier ça sur Wordpress qui possède un compteur de mots. De plus, c'est à partir de 400 mots que Google commence vraiment à donner du crédit à un article.

Par contre, si votre article en curation utilise un ensemble de 5, 6 ou 10 autres articles, vous pouvez faire en sorte que la totalité des fragments des articles que vous collez ainsi que du contenu personnel que vous rajoutez ne dépassent pas en tout 2000 mots.

Cela dit, gardez en tête que les gens perdent en général leur intérêt sur des articles qui dépassent les 1500 mots et souvent considérés comme trop longs.

Avec la tendance actuelle à consommer des contenus toujours plus courts, ce constat ne va pas aller en s'arrangeant.

Question 3 :
A quelle fréquence publier sur votre blog ?

Il n'y a pas vraiment de bonne ou mauvaise fréquence, et tout dépend du temps que vous voulez y consacrer.

Cela dit, l'idéal est de pouvoir publier au minimum un article par jour.

Pour gagner du temps, vous pouvez utiliser la fonction d'auto-publication de Wordpress.

Vous pouvez ainsi créer en moins de deux heures le lundi matin des articles pour toute la semaine, et utiliser cette fonction pour poster un article par jour sur votre blog en mode automatique.

Si vous avez le temps et que vous souhaitez avoir des résultats beaucoup plus rapidement et être agressif, vous pouvez poster jusqu'à trois articles par jour.

Question 4 :
Est-ce efficace ?

La curation est hautement efficace. Elle n'a rien à voir avec toutes ces choses qui sont sensées fonctionner mais qui ne marchent pas.

Comme on l'a vu, les sites les plus visités et les meilleurs blogs de référence qui ont des millions de visiteurs utilisent la curation.

La curation est donc largement acceptée et constitue une méthodologie très efficace pour créer votre propre blog ou pour compléter votre blog existant, dans le cas où vous créez aussi des articles de votre main.

Par la curation, vous utilisez de manière éthique la crème de la crème du contenu existant sur une thématique en y ajoutant votre petite touche personnelle.

Vous faites ainsi gagner un temps fou à vos lecteurs, ce qui est la chose la plus précieuse pour un grand nombre d'entre eux.

Question 5 :
Qui peut faire de la curation ?

N'importe quelle personne qui possède une connexion Internet et un désir de réussir peut faire de la curation.

Vous n'avez pas besoin d'écrire (même si comme on l'a vu il est bon d'écrire quelques lignes de contenu unique et personnel), ni besoin d'être créatif.

Vous avez juste besoin d'être intéressé par votre thématique, motivé, et de suivre un processus prouvé que vous découvrirez dans les modules suivants.

Par contre, il est bon de faire de la curation dans un langage que vous maîtrisez.

Par exemple, il y a énormément de ressources en anglais de grande qualité, mais préférez trouver des ressources en français et créer un blog de curation en français si vous ne parlez pas un mot d'anglais.

Question 6 :
De quoi y a-t-il besoin en particulier ?

Vous avez uniquement besoin d'une connexion Internet, d'un blog ou d'un site web, de temps et de désir.

C'est tout ce qu'il vous faut pour réussir avec la curation.

A noter qu'utiliser des outils de curation peut vous faire économiser du temps, mais ils ne sont pas strictement nécessaires.

Question 7 :
Est-ce que la curation fonctionne avec toutes les niches ?

La curation fonctionne dans toutes les niches où les lecteurs cherchent à gagner du temps.

Par exemple, la curation fonctionne très bien dans des thématiques telles que la santé ou le bien-être, les techniques de marketing, les méthodes pour gagner de l'argent, le consulting, etc.

Il n'y a pas encore à ma connaissance une niche pour laquelle la curation ne fonctionne pas, même s'il est possible qu'il y en ait, comme par exemple des thèmes de recherche scientifiques très pointus pour lesquels il n'y aurait pas suffisamment de contenu disponible sur Internet.

Question 8 :
Combien de temps faut-il s'investir ?

La réponse est simple : autant de temps que vous souhaitez y passer.

Par exemple, vous pouvez faire de la curation de plusieurs niches pour avoir plusieurs sources de revenus sur Internet.

En général, vous pouvez obtenir comme on l'a vu une semaine d'articles en curation pour votre blog en moins de deux heures.

Question 9 :
Est-ce éthique et légal ?

La plupart des personnes qui ont des problèmes est dû au fait qu'elles copient des articles entiers mot pour mot et les mettent sur leur blog avec leur nom.

Ce n'est bien évidemment pas l'esprit de la curation et ce n'est pas une manière éthique de faire.

Ainsi, le premier conseil est de ne jamais copier des articles entiers, mais uniquement des parties de ces articles, et mettre un lien vers l'article complet sur le site de l'auteur.

Le deuxième conseil est de donner attribution à l'auteur de l'article, en citant son nom et en mettant un lien vers son site web, ou vers l'article complet comme on vient de le voir juste au dessus.

Si vous suivez ces principes, vous ne devriez avoir aucun problème et les auteurs seront même ravis d'avoir de la publicité vers leur site et leur nom cité.

Toutefois, ces conseils n'ont pas pour prétention de se substituer à un avis d'expert juridique, et en cas de doute sur un article qui peut avoir un droit de copyright particulier, n'hésitez pas à vous tourner vers un avocat spécialisé, ou à demander directement à l'auteur de l'article.

Question 10 :
Avez-vous besoin de faire du SEO (optimisation de moteurs de recherche) ?

Le SEO consiste à faire des actions spécifiques pour rendre visibles vos articles et positionner votre blog dans les premiers résultats des moteurs de recherche.

Lorsque vous faites de la curation, vous n'avez pas besoin de faire du SEO car le contenu à lui seul fera le travail.

Toutefois, vous pouvez donner un coup de main à votre référencement en utilisant le plugin Yoast.

Il s'agit d'un plugin très simple pour optimiser chaque article de votre blog.

Pour chaque article, il vous suffit d'indiquer un mot-clé pour lequel vous voulez le référencer, ainsi que le titre et la description de l'article tels que vous souhaitez les voir s'afficher sur Google lorsque quelqu'un fait une recherche.

Ce plugin est très simple à prendre en main et vous pouvez optimiser en moins d'une minute chaque article pour améliorer votre référencement.

Cela dit, ce plugin n'est pas absolument indispensable et vous n'avez pas besoin à purement parler de faire du référencement.

Question 11 :
A quelle vitesse pouvez-vous réussir avec la curation ?

Il est impossible de donner de période précise, mais sachez que le contenu est roi sur Internet.

Ainsi, du contenu de grande qualité peut se retrouver en première page de Google en l'espace de deux ou trois jours sur un mot-clé donné.

Voici une astuce pour accélérer votre référencement et la réussite avec la curation.

Essayez de mettre des liens vers des sites d'autorité, et de faire en sorte que des sites d'autorité aient des liens vers votre site (par exemple en postant des commentaires et en mettant un lien vers votre site web).

C'est d'ailleurs la raison pour laquelle le guest posting est si efficace, car il consiste à poster un de vos articles sur un autre site web très visité, avec un lien de retour vers votre blog.

Ceci termine ce premier module.

Vous avez maintenant une vision d'ensemble de la curation et vous avez compris le processus en 4 étapes pour faire de la curation.

La majorité des questions que les gens se posent le plus ont été traitées, et vous avez eu des exemples concrets de sites de référence qui ont des millions de visiteurs et qui utilisent ce même modèle de business.

Vous allez maintenant voir dans les modules suivants chacune des 4 étapes du processus de curation, qui sont pour rappel :

1- Choix d'une niche.

2- Mise en place de la structure.

3- Sélection des sources.

4- Créer les articles.

Les trois premières étapes ne seront à faire qu'une seule fois lors de la construction de votre système, et seule la quatrième étape sera ensuite à faire de manière régulière pour faire tourner la machine.

MODULE #2: ÉTAPE 1- TROUVEZ UNE NICHE RENTABLE.

Vous allez voir dans ce deuxième module la première étape du processus de curation, qui va consister à trouver une niche rentable.

Vous allez dans un premier temps voir les principes clés de bon sens pour choisir une niche.

Puis vous verrez ensuite deux moyens redoutables pour sélectionner une niche rentable et qui vous intéresse.

Enfin, vous verrez un moyen très simple de valider la rentabilité de cette niche par une analyse de marché très facile, rapide et fiable, sans avoir besoin d'y passer des heures ni d'analyser des centaines de données inutiles.

A la fin de ce module, vous aurez donc choisi votre niche rentable, et vous n'aurez plus besoin de revenir à cette étape du processus.

II.1- Les 4 principes clés de bon sens pour sélectionner votre niche.

Vous allez maintenant voir les quatre principes clés de bon sens pour sélectionner votre niche.

Ces principes s'empilent de manière pyramidale, le premier constituant la base et le dernier le sommet de la pyramide.

Il faut que votre niche passe avec succès ces 4 principes pour être rentable pour vous.

1- Large marché.

Il faut être sûr que le marché de votre niche suffisamment grand, pour vous assurer un nombre de clients et de lecteurs suffisant.

Beaucoup de personnes essaient de trouver une niche minuscule car ils pensent qu'il n'y aura pas beaucoup de concurrence.

Mais quel intérêt y-a-t-il à trouver une niche dans laquelle il n'y a que 50 personnes, ou une niche dans laquelle personne ne va jamais rien acheter ?

Au contraire, ne vous inquiétez pas pour la compétition, car c'est le meilleur signe qui indique qu'une niche est rentable.

2- Acheteurs prouvés sur Internet.

Il faut que les personnes dans votre niche soient des acheteurs potentiels sur Internet et pas juste des consommateurs de contenu.

Par exemple, il y a beaucoup de personnes qui consultent des sites pour choisir leur voiture ou leur maison, mais aucun ne va acheter sa voiture ou sa maison sur Internet.

Ils vont juste récupérer l'information d'Internet et se déplacer physiquement pour signer les papiers.

Ne tombez donc pas sur ce genre de niche où personne n'achète en ligne.

Vous verrez tout à l'heure comment déterminer rapidement si votre niche possède des acheteurs potentiels en ligne.

3- Acheteurs atteignables.

Il est bien d'avoir un large marché avec des personnes qui achètent ; encore faut-il vous assurer que vous pouvez atteindre ces acheteurs soit par de la curation, du marketing d'articles, de la publicité, etc.

En effet, payer par exemple pour de la publicité pour avoir accès aux emails d'une certaine catégorie de personnes peut vous coûter trop cher par rapport à votre retour sur investissement.

Si le seul moyen d'atteindre l'ensemble des pianistes aux Etats-Unis consiste à acheter les adresses emails de pianistes que vend un magazine de piano, vous devez bien faire votre compte pour savoir si au final l'affaire sera rentable pour vous selon le prix de vente de ces emails, leur taux d'ouverture, le prix de votre produit et son taux de conversion, etc.

4- Produits ou services à vendre.

Il faut que votre niche possède des produits et des services à vendre.

Parfois, il peut arriver de tomber dans une niche avec un marché large, des acheteurs prouvés et que vous pouvez atteindre, mais que vous n'ayez aucun produit à leur vendre.

En effet, certaines niches ne disposent que de produits hautement propriétaires qui ne sont pas proposés à vendre en affiliation, et il existe certaines niches dans lesquelles vous ne pourrez pas créer de produit par vous-même.

Ainsi, les quatre éléments ci-dessus s'imbriquent.

Pour être rentable pour vous, la niche que vous choisirez doit donc posséder un large marché d'acheteurs prouvés et atteignables auxquels vous avez des produits ou services à vendre.

Si l'un de ces principes n'est pas respecté, il vous faudra chercher une autre niche.

Pour appliquer ces principes, il va auparavant vous falloir avoir des idées de niches.

C'est ce que vous allez voir dans les parties suivantes avec deux moyen de choisir votre niche.

Le premier moyen est plus passionnel, avec votre coeur et votre tête. Le deuxième moyen est plus rationnel, avec les marchés majeurs.

II.2- Choisir une niche avec votre coeur et votre tête.

Il s'agit du premier moyen pour choisir une niche qui sera rentable pour vous et qui vous intéresse.

Vous allez voir cinq façons de choisir une niche avec votre coeur et votre tête.

1- Votre expérience.

Demandez-vous s'il y a des choses que vous faites, que vous aimez, que vous avez apprises, ou que vous voulez connaître plus en détails, à partir desquelles vous pouvez faire de la curation.

2- L'expérience des autres.

Ce dont on parle ici est d'observer l'expérience des autres.

Il peut par exemple s'agir d'un site sur lequel il y aura des nouvelles de célébrités. On ne parle pas ici des potins, mais des expériences et nouvelles choses que font ces célébrités.

Cela peut aussi être un site qui analyse pourquoi et comment les 100 meilleurs business dans une niche particulière ont réussi à figurer dans le top 100.

De même, il peut s'agir des sites de fans des meilleurs athlètes, à partir desquels vous pouvez faire de la curation si tel est votre intérêt.

Enfin, cela peut aussi consister en un site qui reprend les expériences d'explorateurs qui font des découvertes, ou un site sur les dernières innovations.

3- Connaissances spécialisées.

Demandez-vous si vous avez des connaissances spécialisées dans un domaine spécifique.

Demandez-vous aussi si vous pouvez acheter des connaissances spécialisées.

Il y a en effet beaucoup de personnes qui ont des connaissances très pointues dans un domaine mais qui n'ont aucune idée de comment les amener sur le marché et les vendre.

Vous pouvez faire un partenariat avec ces personnes et être celui qui crée un site de curation basé sur le contenu que vous leur achetez.

Vous pouvez aussi faire un partenariat de type joint venture avec une personne ayant des connaissances pointues dans un domaine.

Au lieu d'acheter leur contenu, il vous fourni du contenu et vous créez un site de curation et la mise en forme de ce contenu, en partageant ensuite par exemple les bénéfices.

Enfin, peut-être que vous pouvez embaucher des employés qui ont des connaissances particulières, et qui vous fourniront du contenu que vous pourrez utiliser en curation.

4- Structures de business.

Les structures de business sont des choses qui passionnent beaucoup de gens.

Par exemple, un site web de curation sur le marketing de réseau serait extrêmement rentable car beaucoup de personnes s'intéressent au marketing de réseau et il y a beaucoup de nouvelles personnes qui s'engagent chaque jour dans ce domaine.

D'autres personnes sont intéressées par des structures de business qui vendent des produits physiques.

Ainsi, beaucoup de gens qui veulent vendre des produits physiques (t-shirts, lampes, appareils électroniques, etc.) cherchent en permanence des trucs et astuces pour réussir à vendre efficacement des produits physiques.

Un site qui ferait de la curation de ce genre de trucs et astuces aurait beaucoup de succès.

C'est la même chose pour les personnes intéressées par des structures de business qui vendent cette fois des produits digitaux.

Enfin, le franchisage est aussi très populaire, et un site qui ferait de la curation d'articles sur les manières de se franchiser fonctionnerait certainement à merveille.

5- Méthodes de marketing.

Vous pouvez faire des sites en curation entièrement dédiés à des méthodes de marketing particulières.

Par exemple : le marketing de réseau, la prise de parole en public, l'email marketing, la construction de listes, les publicités payantes, les publicités gratuites, les lancements de produits, les joint ventures, etc.

Vous venez de voir cinq façons de choisir une niche avec votre tête et votre coeur.

Evidemment, ce ne sont que des idées pour vous inspirer et vous permettre de trouver une niche rentable qui vous intéresse.

Cela dit, les gens ont tellement d'informations de qualité à partager grâce à leurs expériences de vie que ce premier moyen de choix de niche avec votre tête et votre coeur est une excellente façon de commencer.

Voici pour terminer cette partie quatre questions que vous pouvez vous posez pour clarifier ce choix de niche avec votre tête et votre coeur.

La première question importante à vous poser est de vous demander ce qui vous fait vibrer intérieurement.

Dans quel domaine vous tourneriez-vous si gagner de l'argent n'était pas l'objectif principal ?

La deuxième question est de vous demander s'il y a quelque chose que vous connaissez et que vous pouvez ou voulez partager.

La troisième question consiste à vous demander si vous aimez apprendre pour ensuite partager ce que vous avez appris dans un domaine particulier.

Enfin, la quatrième question est de vous demander si vous pouvez trouver d'autres personnes avec la même passion afin de les servir. Si c'est le cas, alors vous pouvez bâtir une audience en ligne et il n'y a pas de moyen plus facile et rapide que d'utiliser la curation.

Si vous n'êtes pas à l'aise avec un choix de niche avec votre tête et votre coeur, vous allez voir un deuxième moyen pour choisir une niche rentable qui consiste à se baser sur des marchés majeurs.

II.3- Choisir une niche selon les marchés majeurs.

Il existe de nombreuses façons de choisir une niche rentable.

Vous avez vu dans la partie précédente comment choisir une niche rentable avec votre tête et votre coeur.

Les gens ont tellement d'informations de qualité à partager de part leurs expériences que c'est un excellent moyen de trouver votre niche.

Cela dit, certaines personnes ne sont pas à l'aise avec cette manière de choisir une niche en se basant sur leurs passions, et préfèrent une manière plus rationnelle basée sur les statistiques et les nombres.

Voici donc un deuxième moyen pour choisir votre niche avec les marchés majeurs de manière plus rationnelle.

Un marché majeur est un marché constitué d'un groupe de personnes très important.

En effet, rappelez-vous qu'une niche n'est rien d'autre qu'un ensemble de personnes ayant quelque chose en commun.

Voici donc les marchés majeurs, c'est-à-dire de larges groupes de personnes ayant quelque chose en commun.

1- Caractéristiques de naissance (sexe, ethnicité, localisation).

En segmentant par les caractéristiques liées à la naissance, ont peut mettre en évidence de grands groupes de personnes ayant quelque chose en commun.

Par exemple, le sexe crée un groupe de personnes constitué d'hommes, ou de femmes. Certains sites ne sont destinés qu'aux femmes, d'autres qu'aux hommes.

L'origine ethnique peut aussi être un moyen de segmenter et trouver un groupe de personnes ayant quelque chose en commun.

La localisation permet de constituer également un groupe de personne avec quelque chose en commun. Les gens sont souvent fiers de l'endroit où ils vivent, qu'il s'agisse d'un pays ou d'une ville.

Par exemple, vous pourriez très bien créer un produit ou monter un blog en curation sur l'Italie, ou sur la prise de vacances en Italie, ou sur les moyens de trouver une maison ou un appartement à louer en Italie, etc. Dans ce cas, c'est la localisation qui devient le point le référence.

2- Etapes de la vie.

Vous pouvez aussi créer un site de curation pour délivrer de l'information à des personnes étant à une même étape de leur vie.

Par exemple vous pouvez vous adresser aux parents.

Les parents sont en général friands de savoir comment élever leurs enfants, surtout quand c'est le premier. Vous avez là une très bonne opportunité de créer un site en curation pour donner de l'information aux parents.

Vous pouvez faire de même avec les grands-parents, qui cherchent toujours des moyens de satisfaire leurs petits-enfants.

De même vous pouvez cibler l'ensemble des personnes qui sont des adolescents ou des séniors.

Par exemple, un site en curation adressé aux problématiques des séniors fonctionnerait à merveille : comment s'occuper d'un sénior, comment être actif quand on est sénior, les changements en termes de diète, etc.

Vous pouvez aussi créer un site en curation adressé aux étudiants, avec toutes les problématiques des étudiants (obtenir une bourse, gagner du temps, rester motivé, préparer un examen, etc.).

3- Professions et rôles.

Vous pouvez aussi créer un site en curation s'adressant à une groupe de personnes exerçant une profession ou un rôle donné : docteurs, avocats, commerciaux, ingénieurs, fleuristes, banquiers, directeurs d'entreprise, mères au foyer, etc.

4- Autres idées.

Voici quelques autres idées de marchés majeurs :

L'argent.
Beaucoup de personnes cherchent comment gagner de l'argent. Au sein de cette niche, vous trouvez même des niches plus petites (gagner de l'argent sur Internet, investir en bourse, etc.).

Les loisirs et divertissements.
Il peut s'agir d'un groupe de personnes ayant un intérêt commun par exemple pour un sport, pour un instrument de musique, pour le tuning, pour la cuisine, une série particulière, etc.

Expériences de santé.
Beaucoup de personnes ont rencontré des problèmes de santé similaires. Par exemple ils ont vaincu le cancer, ils ont eu des accidents graves, etc.

En choisissant votre niche avec les conseils ci-dessus, vous avez l'assurance d'avoir un marché majeur de personnes qui ont un intérêt commun, et de ne pas tomber sur une niche qui ne risque d'intéresser qu'un nombre très réduit de personnes.

Bien entendu, vous avez vu qu'il existe une infinité d'idées pour choisir votre niche, et vous aurez peut-être d'autres idées que celles exposées ci-dessus.

Voici pour terminer quelques conseils finaux pour choisir votre niche rentable avec les marchés majeurs.

La première chose est de trouver ce qui vous intéresse. C'est très important de choisir votre niche dans un domaine qui vous intéresse, sinon vous ne tiendrez pas la distance et perdrez tout intérêt d'alimenter votre site en curation au fil du temps.

La deuxième est de vous assurer que votre marché est large. Vous pouvez très bien vous engager dans une niche avec un nombre très réduit de personnes, mais dans ce cas vous aurez certainement besoin de créer plusieurs sites de micro-niches pour avoir des rentrées d'argent suffisantes. Assurez-vous donc que le marché soit assez grand pour supporter votre développement.

La troisième est de chercher des conversations actives liées à la niche dans laquelle vous voulez vous engager. Si par exemple vous trouvez de nombreuses conversations actives sur Facebook ou sur des forums sur la natation, c'est un bon signe que cette niche est rentable.

La quatrième est de préférer choisir une niche dans laquelle on peut trouver plus d'informations que pas assez. N'ayez pas peur de la compétition et de vous engager dans une niche qui pullule d'informations afin de faire connaître votre voix et votre positionnement, et récupérer une part du gâteau.

Un dernier conseil pour choisir votre niche avec les marchés majeurs. Lorsque vous considérez une niche par exemple sur le golf, regardez s'il existe un livre de la collection *"pour les nuls"*, comme *"le golf pour les nuls"*. Si c'est le cas, c'est un excellent signe d'une niche rentable.

Vous allez maintenant voir comment mener rapidement une recherche de marché simplifiée pour valider le fait que votre niche est vraiment rentable.

II.4- Recherche de marché simplifiée pour valider la rentabilité d'une niche.

Vous avez choisi dans les pages précédentes votre niche par un des deux moyens suivants :

- Votre coeur et votre tête.

- Les marchés majeurs.

Par exemple, vous avez choisi votre niche sur le golf, la fabrication de cookies au chocolat, la culture de pommes de terre, la prise de parole en public, etc.

Mais comment savoir si cette niche est vraiment rentable et que les personnes de cette niche achèteront chez vous ?

Pour obtenir la réponse, vous allez voir comment mener une recherche de marché simplifiée très rapide et redoutablement efficace.

Cette recherche de marché s'articule autour de trois points principaux que vous allez découvrir dans les pages suivantes.

1- Les gens parlent-ils de votre niche ?

Admettons que vous ayez choisi votre niche dans la prise de parole en public.

Voici un ensemble de moyens pour vérifier que les gens parlent de votre niche, et donc que votre niche est suffisamment grande.

a- Google Keyword Planner.

Vous pouvez utiliser l'outil gratuit de Google appelé Keyword Planner (https://adwords.google.fr/KeywordPlanner).

Cet outil vous permet d'avoir le nombre de recherches mensuelles exactes que les gens tapent pour un mot-clé donné, dans un endroit géographique donné.

Vous pouvez ainsi facilement savoir combien de personnes tapent chaque mois en France le mot-clé "prise de parole", ou "prise de parole en public".

C'est une première indication du nombre de personnes portant un intérêt à cette niche ou cherchant à résoudre ce problème.

b- Sites d'autorité.

Regardez s'il y a des sites de référence et d'autorité qui parlent du thème de votre niche.

En plus d'être une indication de popularité de votre niche, cela vous permet de voir aussi si vous pouvez facilement trouver suffisamment de sources sur votre niche pour faire ensuite de la curation.

Il est donc très important de regarder cet aspect et de savoir s'il existe des sites d'autorité dans cette niche.

c- Blogs et forums.

Regardez s'il y a des blogs ou des forums qui parlent de la thématique qui vous intéresse.

d- Réseaux sociaux.

Regardez par exemple s'il y a des groupes ou pages Facebook qui parlent de la niche que vous souhaitez choisir.

2- Y-a-t-il des produits qui se vendent dans votre niche ?

Il est très important de savoir ça pour évaluer la rentabilité de votre niche.

De plus, vous pourrez par la suite faire la promotion en affiliation de ces produits et les recommander sur votre site de curation.

Regardez si vous trouvez des produits dans votre niche que vous pouvez promouvoir en touchant une commission sur de larges réseaux d'affiliation tels que Clickbank, JVZoo, CJ Affiliate, Share A Sale ou 1tpe qui est une plateforme d'affiliation francophone.

3- Y-a-t-il de la publicité actuellement dans votre niche ?

Le dernier point consiste à vous assurer qu'il y a des gens qui font de la publicité liée à votre niche.

Voici quatre moyens de le faire :

a- Publicités en PPC.

Tapez votre mot-clé dans Google et regardez s'il y a des publicités qui s'affichent sur la droite.

Il s'agit de publicité en PPC (Pay-Per-Click), c'est-à-dire que la personne ne paye pas à l'affichage de sa publicité, mais uniquement si un visiteur clique dessus.

Si ce genre de publicités apparaît, c'est signe que des gens font de la publicité activement dans votre niche.

b- Publicités sponsorisées sur Google.

De la même manière, vous pouvez voir des publicités sponsorisées que Google choisi s'afficher en haut de vos résultats de recherche sur un mot-clé donné.

C'est ici aussi un signe de publicité active.

c- Publicités disponibles sur les réseaux.

Regardez s'il vous trouvez de la publicité qui s'affiche dans votre niche sur d'autres réseaux tels que Facebook.

d- Publicités dans les livres ou magazines.

Enfin, vous pouvez voir s'il y a des publicités présentes dans des livres ou magazines spécialisés liés à votre niche.

Ceci termine la recherche de marché simplifié.

Vous savez désormais si la niche que vous avez choisie va être rentable et si les gens achèteront des produits chez vous.

Pour clore cette recherche de marché, gardez toujours en tête que ce qui compte par dessus tout n'est pas l'activité d'une niche en termes d'informations et de conversations qu'on trouve, mais le potentiel de profit que vous pouvez faire dans cette niche.

En effet, il peut y avoir plein de gens qui parlent d'une niche sur des blogs, forums ou réseaux sociaux, mais qu'il n'y ait pas de réel potentiel de faire du profit.

Par exemple, beaucoup de gens parlent de Justin Bieber, mais il sera difficile de gagner de l'argent avec un site d'information sur Justin Bieber.

De plus, gardez toujours en tête les quatre principes clés de bon sens vus au tout début de ce module. Ces principes vous guideront vers le choix d'une niche rentable.

Voici à nouveau ces quatre principes :

1- Large marché.

2- Acheteurs prouvés sur Internet.

3- Acheteurs atteignables.

4- Produits ou services à vendre.

Si vous suivez les conseils vus jusqu'à présent pour le choix de votre niche, votre niche répondra normalement d'elle-même à ces quatre principes clés de bon sens, qui sont la garantie que vous avez trouvé une niche rentable.

Ceci termine ce premier module.

Vous avez donc choisi une niche qui sera rentable pour vous et terminé la première étape du processus de curation.

Une fois que cette niche est choisie, vous n'aurez plus besoin de revenir à cette première étape.

Il est temps maintenant de passer au deuxième module, qui va vous montrer comment mettre en place la structure de votre blog.

MODULE #3: ÉTAPE 2: METTEZ EN PLACE LA STRUCTURE DE VOTRE BLOG.

Vous allez voir dans ce module la deuxième étape du processus de curation, qui ne sera à faire qu'une seule fois.

Cette étape consiste à mettre en place la structure de votre blog avec laquelle vous allez diffuser et partager votre contenu.

Vous pouvez utiliser autre chose qu'un blog, mais c'est un blog que nous allons utiliser ici car il possède trois avantages capitaux.

Le premier est qu'un blog est très facile à installer. Beaucoup de gens utilisent Wordpress qui est certainement la meilleure plateforme pour faire du blogging, et vous pouvez l'installer en moins d'une minute.

Le deuxième avantage est qu'un blog se relie très facilement aux réseaux sociaux comme Facebook. C'est une manière idéale pour obtenir des commentaires et faire connaître votre activité par le bouche à oreille, parfois de manière virale.

Le troisième avantage d'un blog est que vous aurez à disposition de nombreux outils et plugins qui vous permettront de gagner beaucoup de temps avec la curation.

Vous allez maintenant voir comment mettre en place la structure de votre blog.

Vous verrez comment choisir vos catégories, vos mots-clés, vos tags et comment taper vos liens et votre texte d'ancrage.

A la fin de ce module, toute votre structure sera prête et opérationnelle.

Elle va ainsi permettre aux gens de trouver beaucoup plus facilement votre contenu sur les moteurs de recherche, et de naviguer sur votre site de manière ergonomique.

III.1- Choisissez vos catégories (5 à 10).

La première étape consiste à choisir vos catégories.

Les catégories sont simplement les sous-thématiques de votre thématique principale.

Vous pouvez les comparer aux rayons d'un supermarché.

Dans un supermarché, vous avez plusieurs rayons : la pharmacie, les produits électroniques, les vêtements, la boucherie, etc.

Votre blog de la même manière est composé de différents "rayons", les catégories.

Chaque catégorie est en quelque sorte un conteneur qui va pouvoir accueillir plusieurs articles de blogs liés au thème de cette catégorie.

Par exemple si votre blog est dans le webmarketing, vous aurez peut-être une catégorie email marketing, une autre sur la génération de trafic ou encore une autre sur la création de produits.

Tous vos articles sur l'email marketing seront placés dans la catégorie email marketing, tous vos articles sur la création de produits seront placés dans la catégorie création de produit.

Voici comment choisir les catégories de votre blog de curation.

Tout d'abord, faites une liste de toutes les sous-thématiques dont vous allez traiter dans votre blog.

Si vous avez un blog sur le développement personnel, peut-être que vous envisagerez de faire des articles qui parlent de motivation, d'autres de gestion du temps, d'autres encore sur la prise de parole en public.

Selon votre thématique générale, essayez d'avoir entre 5 et 10 catégories.

Pour chacune de ces catégories, dressez une liste de mots-clés qui selon vous la représentent parfaitement.

Listez des mots-clés qui correspondent selon vous à ce que les gens taperaient sur Google s'ils cherchaient un article lié à cette catégorie.

Ensuite, allez voir le nombre de recherches mensuelles de chacun de ces mots-clés pour chacune de vos catégories, en utilisant à nouveau Google Keyword Planner (https://adwords.google.fr/KeywordPlanner).

Retenez le mot-clé avec le plus grand nombre de recherches mensuelles, et veillez à ce que ce mot clé soit aussi court. Idéalement 1 ou 2 mots, et au maximum 3 ou 4 mots.

Bien entendu, ce mot-clé doit refléter parfaitement votre catégorie et vous convenir personnellement.

Avant de passer à la suite, choisissez les mots-clés qui représenteront vos catégories.

III.2- Choisissez les mots-clés de vos articles de blog.

Vous allez chercher à optimiser vos articles de blog en plaçant à chaque nouvel article un ou plusieurs mots-clés au sein du titre et/ou dans le corps de l'article, idéalement dans ces deux endroits.

De cette manière, votre article ressortira en bien meilleure position dans les moteurs de recherche si quelqu'un fait une recherche en tapant le ou les mots-clés en question.

Pour bien choisir vos mots-clés, il faut savoir qu'un mot-clé n'est pas limité à un seul mot.

Il peut s'agir d'un ensemble de deux ou trois mots, ou même d'une expression ou d'une courte phrase.

Voici quelques façons de choisir vos mots-clés.

La première façon consiste à choisir des **mots-clés connexes** au nom que porte votre catégorie. Ces mots-clés élargissent ou renforcent la catégorie.

Par exemple si vous avez une catégorie *"marketing d'affiliation"*, vous pouvez très bien utiliser dans votre article le terme *"marketing d'affiliation"*, mais aussi un terme connexe tel que *"protéger votre lien d'affilié"*, ou *"produit d'affiliation"*.

Une deuxième façon consiste à choisir des **mots-clés de longue traîne**.

Il s'agit de mots-clés plus longs et qui complètent le sujet original de votre article.

Ils ont beaucoup moins de trafic qu'un mot-clé n'ayant qu'un ou deux mots, mais ils sont aussi beaucoup plus spécifiques.

Ils vous donnent ainsi de bien meilleures chances que votre article sorte en première page de Google si une personne tape ce mot-clé ou cette expression exacte.

Par exemple si le sujet original de votre article porte sur apprendre l'anglais, un mot-clé de longue traîne pourrait être *"apprendre l'anglais facilement"*, ou *"apprendre l'anglais vite et bien"*, ou encore *"la meilleure façon d'apprendre l'anglais"*.

Enfin, vous pouvez regarder les articles de vos concurrents et choisir vos mots-clés en fonction des mots-clés qu'ils ont utilisés pour optimiser leurs articles.

Dans tous les cas, utilisez l'outil Keyword Planner de Google pour connaître le nombre de recherches mensuelles des mots-clés que vous comptez utiliser pour chaque article, et assurez-vous que le nombre de recherches soit suffisant.

En effet, il est inutile de choisir un mot-clé qui n'a aucune recherche mensuelle ou seulement dix recherches mensuelles.

Vous pouvez commencer en optimisant chacun de vos articles sur un seul mot-clé.

D'ailleurs, il est bien mieux d'avoir un article bien optimisé sur un mot-clé plutôt qu'un article mal optimisé avec dix mots-clés.

Une très bonne stratégie consiste à mettre votre mot-clé principal au tout début de votre titre.

C'est à cet endroit qu'il aura le plus de poids aux yeux des moteurs de recherche comme Google.

Par exemple si vous faites un article sur le marketing d'affiliation, vous pouvez nommer votre article :

"Marketing d'affiliation : comment protéger vos liens d'affilié".

ou :

"Marketing d'affiliation : 4 stratégies pour bien choisir votre produit."

III.3- Choisissez vos tags.

Les tags sont des mots ou expressions qui complètent ou développent les idées des mots-clés que vous utilisez.

Les tags ne sont pas directement visibles dans votre article, mais vous pouvez les rentrer dans un champ prévu à cet effet à droite de chaque article dans l'interface Wordpress de votre blog.

Ils serviront ainsi à améliorer le référencement de votre article du point de vue des moteurs de recherche qui les verront.

Voici comment bien choisir vos tags.

Une première façon est que vos tags peuvent être spécifiques à un produit donné.

Par exemple si vous faites un article sur les autorépondeurs mais que vous ne voulez pas mentionner de marque d'autorépondeurs, vous pouvez utiliser les tags à cet effet et mettre des tags tels que *"Aweber"* ou *"Getreponse"*.

Si vous faites un article sur les meilleures chaussures de sport pour faire de la course sans vouloir mentionner de marques dans votre article, vous pouvez les mettre en tags, par exemple Nike ou Puma.

Une deuxième façon de choisir vos tags consiste à écrire des synonymes de vos mots-clés principaux.

Par exemple si vous faites un article sur les téléphones portables, vous pouvez mettre un tag *"téléphone sans fil"* ou *"cellulaire"*.

III.4- Choisissez vos liens et votre texte d'ancrage.

Lorsqu'on parle de liens dans votre blog, il existe deux types de liens : les liens internes et les liens externes.

Les liens internes sont ceux qui redirigent les visiteurs vers d'autres articles ou d'autres pages de votre blog.

Les liens externes sont ceux qui redirigent les visiteurs vers d'autres sites web hors de votre blog.

Lorsqu'on parle de texte d'ancrage, il s'agit du texte des liens hypertexte.

Une grosse erreur faite très souvent consiste à mettre un lien hypertexte sur un texte tel que *"cliquez ici"*.

Au lieu d'écrire "cliquez ici" pour rediriger vers un autre de vos articles ou vers un site web externe, il est beaucoup plus pertinent de mettre votre lien hypertexte sur une expression comme *"j'ai un autre article sur les erreurs principales que font les blogueurs"*, ou de carrément citer le nom de l'outil ou le site sur lequel vous voulez rediriger les visiteurs, comme *"Aweber"* ou *"Amazon"*.

Ceci termine ce troisième module.

Vous venez de mettre en place la structure de votre blog qui est maintenant opérationnelle.

Vous avez choisi vos catégories, et vous savez comment choisir vos mots-clés, vos tags et comment écrire vos liens pour les articles que vous allez faire en curation.

Vous avez ainsi terminé la deuxième étape du processus de curation, et vous n'aurez plus besoin d'y revenir.

Voyons maintenant dans le module suivant la troisième étape qui consiste à choisir les sources de contenu que vous allez utiliser.

MODULE #4: ÉTAPE 3- SÉLECTIONNEZ LES MEILLEURES SOURCES DE CONTENU.

A la fin de ce module, vous aurez sélectionné les meilleures sources de contenu à partir desquelles vous allez faire de la curation sur votre blog.

Dans une première partie, vous allez voir les différentes sources de contenu à partir desquelles vous pouvez faire de la curation.

Dans une deuxième partie, vous verrez où trouver votre contenu.

IV.1- Les différents types de contenu pour faire de la curation.

Il existe de nombreux différents types de contenu que vous pouvez utiliser pour faire de la curation.

Voici une liste d'entre eux, et il est tout-à-fait possible que vous en trouviez d'autres.

Articles.

Les articles écrits constituent en général votre type principal de contenu quand vous voulez créer un blog de curation.

Vidéos.

Les vidéos sont aussi un excellent moyen de faire des articles de curation.

Vous pouvez par exemple facilement intégrer une vidéo Youtube ou Dailymotion qui sera le contenu de votre article de blog.

Vous pouvez aussi utiliser une série de petites vidéos les unes à la suite des autres qui répondent de manière chronologique à une problématique donnée dans votre article, chaque vidéo traitant une étape menant à la solution.

D'ailleurs, les gens apprécient quand les supports sont variés.

Avoir de la vidéo permet de varier les supports et de ne pas leur proposer uniquement des articles de texte.

Audio.

Vous pouvez également faire de la curation en audio, par exemple en faisant un article à base d'un ou plusieurs podcasts.

Cours.

Il peut aussi s'agir de cours que vous avez suivis sur un sujet particulier. Ce contenu peut très bien vous servir pour faire un article de curation.

Ces différents types de contenu ne sont que des idées pour démarrer et vous permettre de trouver du contenu dans votre niche avec lequel vous pouvez faire de la curation.

Voici d'autres idées de types de contenu : Actualités, information d'initiés venant de sites Internet, webinaires, discussions sur les forums, etc.

Toutes ces idées peuvent être d'excellents points de référence pour du contenu que vous pouvez utiliser en curation pour votre blog.

IV.2- Où trouver le contenu pour faire de la curation.

Voici une liste non exhaustive d'endroits où vous pouvez trouver le contenu que vous pourrez utiliser pour faire de la curation :

Moteurs de recherche.

Les moteurs de recherche tels que Google, Bing ou Yahoo sont des sources gigantesques de contenu pour votre blog de curation.

Si vous cherchez un type de contenu particulier, il vous suffit de taper votre mot-clé entre guillemets, rajouter le signe "+" et taper le terme "video" ou "audio" ou "webinaire".

Par exemple si vous cherchez des webinaires sur le marketing d'affiliation, vous pouvez taper ceci dans Google :

"marketing d'affilition" + webinaire

Cette requête va vous retourner la meilleure liste de Google sur les webinaires en marketing d'affiliation, tout en excluant les pages qui ne contiennent que le mot "marketing" ou que le mot "affiliation".

Outils de curation.

Les outils de curations tels que certains logiciels ou thèmes Wordpress ont été créés pour trouver rapidement du contenu que vous pourrez utiliser pour votre curation.

Le module six est dédié spécialement à ces outils.

Blogs.

Les blogs sont un excellent endroit pour trouver du contenu, en particulier si vous savez comment utiliser efficacement leurs flux RSS.

Vous pouvez ainsi vous inscrire à différents flux RSS de blogs spécialisés dans chacune de vos différentes catégories.

Il ne vous restera alors plus qu'à parcourir vos différents flux RSS pour trouver un article que vous souhaiteriez utiliser en curation.

Un excellent moyen pour superviser les flux RSS est Netvibes (www.netvibes.com/fr).

Vous pouvez ainsi voir d'un seul coup d'oeil l'ensemble de vos flux sur des catégories différentes, et très rapidement identifier l'article ou les articles que vous voulez utiliser en curation.

Alertes Google.

Les alertes Google sont aussi un très bon endroit pour trouver du contenu.

Il vous suffit d'aller sur les alertes de Google en mettant les mots-clés et expressions pour lesquelles vous cherchez du contenu.

Dès que Google verra un nouveau site indexé correspondant à ces mots-clés, il vous enverra un email avec le lien pour vous prévenir. Vous pouvez choisir de recevoir ces alertes à la fréquence que vous voulez.

Ceci termine ce quatrième module.

Vous y avez découvert des idées simples pour savoir comment trouver du contenu, où trouver le contenu et les différents types de contenu que vous pouvez considérer.

Ne vous limitez pas uniquement à des articles écrits pris sur des blogs.

Si vous faites ça, vous allez passer à côté de beaucoup de contenu de haute qualité qui pourrait être très utile aux gens qui viennent lire votre blog.

Rappelez-vous que votre but est de les servir au mieux avec des informations de grande qualité pour les garder le plus longtemps possible sur votre blog.

Plus vous leur fournissez d'informations et plus vous utilisez des moyens différents pour leur fournir ces informations, plus ils vont passer du temps sur blog et vos résultats s'en ressentiront.

Maintenant que vous avez sélectionné les meilleures sources de contenu à utiliser pour faire de la curation sur votre blog, vous n'aurez plus besoin de revenir à cette étape du processus de curation.

Vous allez maintenant voir dans le module suivant la dernière étape du processus de curation et apprendre à écrire un article en curation.

MODULE #5: ÉTAPE 4- CRÉEZ VOTRE ARTICLE EN CURATION.

Vous allez découvrir dans ce module comment écrire un article en curation.

Il s'agit de la dernière des quatre étapes du processus de curation, qui va vous servir pour créer de nouveaux articles en curation.

Le processus de création d'un article en curation se déroule en trois étapes :

Etape 1 : introduire l'idée.
Etape 2 : introduire le contenu.
Etape 3 : commenter le contenu.

Ces trois étapes vont vous servir à introduire l'article que vous avez trouvé et que vous voulez partager en curation.

Vous pourrez aussi utiliser les étapes 1 et 2 en introduction de l'article que vous allez partager, et l'étape 3 en conclusion de cet article.

Vous allez voir en détail en quoi consiste chacune de ces trois étapes, mais prenons un exemple pour illustrer ça.

Par exemple, admettons que vous ayez un site de curation sur le mobilier industriel et que vous trouviez un article qui vous plaît sur un des sites de référence que vous avez choisis au module précédent, et qui s'appelle meublesdesign.com.

Vous copiez alors le début de cet article, par exemple deux ou trois paragraphes sur un nouveau post de votre blog.

Juste en dessous de ces deux ou trois paragraphes, vous mettez un lien vers l'article complet en disant par exemple : *"lire la suite sur meublesdesign.com"*, ou *"voir l'histoire complète sur meublesdesign"*, avec le lien hypertexte sur meublesdesign.com ou sur meublesdesign.

Ce n'est qu'une fois que vous avez fait ça que vous allez utiliser les trois étapes énoncées plus haut pour introduire cet article, la troisième étape pouvant aussi servir de conclusion.

Une fois que vous aurez vu dans ce module ces trois étapes en détail, vous verrez ensuite dix structures à recopier que vous pouvez utiliser pour créer des articles de curation de manière plus élaborée et avec des approches différentes.

Enfin, vous verrez le cas particulier d'articles en curation à partir de vidéos, suivi d'un ensemble de derniers conseils.

V.1- Etape 1 : introduire l'idée.

La première étape pour écrire un article en curation consiste à introduire l'idée en une ou deux phrases maximum.

Pour introduire l'idée, il vous suffit de répondre à ces deux petites questions :

1- Pourquoi partagez-vous du contenu à propos de cette idée.

2- En quoi cette idée va aider le lecteur à faire, à être, ou à avoir quelque chose qu'il souhaite.

Rappelez-vous, introduire l'idée est très court et vous pouvez facilement le faire en 50 mots ou moins.

V.2- Etape 2 : introduire le contenu.

La deuxième étape pour écrire un article en curation consiste à introduire le contenu.

L'idée ici est d'introduire la pièce spécifique de contenu que vous partagez et de dire au lecteur d'où elle vient en disant par exemple : *"j'ai trouvé cet article génial sur masource.com"*.

Vous allez voir un modèle en cinq questions pour introduire correctement le contenu. Vous pouvez utiliser les cinq questions ou répondre à seulement une partie.

1- QUI a créé le contenu ?

Il s'agit d'indiquer le nom de l'auteur qui a créé le contenu, et éventuellement sa fonction.

2- OÙ peut-on trouver ce contenu ?

Quand vous faites de la curation, vous devez fournir l'attribution à la source originale. C'est pourquoi vous allez dire clairement ici que le contenu provient de tel site web, avec un lien vers ce site web.

3- POURQUOI avez-vous choisi ce contenu ?

Expliquez ici pourquoi vous avez choisi ce contenu et pourquoi vous pensez qu'il mérite le temps qu'ils vont passer à le lire.

4- COMMENT ce contenu va-t-il aider le lecteur ?

Vous montrez ici votre altruisme et que vous pensez à vos lecteurs en leur expliquant comment ce contenu va les aider.

5- QUELLE action voulez-vous que le lecteur fasse ?

Si vous voulez que vos lecteurs achètent un produit basé sur le contenu, dites-le.

Si vous voulez les rediriger vers un autre site web, les faire s'inscrire à votre mailing list ou les faire laisser un commentaire, dites-le également.

V.3- Etape 3 : commenter le contenu.

La dernière étape pour créer votre article en curation consiste à commenter le contenu que vous partagez en donnant votre avis personnel.

Voici les trois questions qui vont vous permettre de commenter le contenu correctement :

1- Pourquoi aimez-vous l'idée de ce contenu ?

Expliquez la ou les raisons qui font que vous aimez l'idée de ce contenu.

2- Comment avez-vous utilisé cette idée ?

Expliquez comment vous avez utilisé cette idée et ce que ce contenu vous a appris.

3- Avez-vous vu des idées similaires ou opposées ?

Indiquez si vous avez vu ou non des idées similaires ou opposées précédemment.

Ces trois questions pour commenter le contenu constituent une très bonne introduction (à la suite des deux autres étapes) ou peuvent être utilisées comme conclusion.

Gardez également cette dernière étape courte en utilisant 100 mots ou moins.

Vous connaissez maintenant tout ce dont vous avez besoin pour créer un article en curation.

Vous voyez que c'est vraiment un processus en trois étapes pour faire de la curation d'un article de la bonne manière.

En effet, si vous vous contentez simplement d'aller visiter plein de sites web et de prendre à chaque fois un peu de leur contenu en le mettant sur votre blog avec un simple lien vers cet article sans prendre la peine de faire une introduction par les trois étapes vues précédemment, vous ne réalisez en réalité que la moitié du travail.

Cela fonctionnera certainement. Les gens aimeront votre blog et vous aurez du trafic de la part des moteurs de recherche, mais votre curation ne sera pas vraiment complète.

Si vous ne prenez pas le temps d'introduire l'idée, puis d'introduire le contenu et ensuite de commenter le contenu, vous ne créerez pas de contenu unique et original et vous ne pourrez pas avoir le meilleur positionnement possible dans les résultats de recherche.

De plus, les gens n'aimeront pas autant votre contenu que si vous y apportez votre touche personnelle.

Ces trois étapes sont très rapides à faire et restent tout-à-fait abordables, même pour quelqu'un qui n'aime pas écrire.

Cela n'a rien à voir avec le fait de devoir écrire par vous-même un article complet.

Appliquez au maximum ces étapes dans chaque article que vous créez.

V.4- 10 structures "à recopier" pour écrire des articles de curation élaborés, facilement et rapidement.

Voici 10 structures à recopier pour créer rapidement et facilement des articles de curation.

Elles vont vous permettre d'écrire des articles de curation plus élaborés et avec une approche différente que de simplement dire : *"voici un article que j'ai trouvé, j'espère que vous allez l'aimer"*.

Structure 1 :
Point/Contrepoint.

Le but de cette structure consiste à créer de l'intérêt et à faire réfléchir le lecteur afin de le tenir engagé.

Elle consiste à présenter deux points de vue opposés sur un même sujet.

Vous pouvez par exemple trouver un article qui présente ces deux points de vue opposés, ou prendre un peu de contenu en curation d'un ou plusieurs articles "pour" et d'un ou plusieurs articles "contre".

Vous pouvez ensuite dire dans votre article : *"voici les raisons pour, et voici les raisons contre"*.

Ce type de structure donne généralement un nombre plus élevé de commentaires car elle ouvre le débat et la plupart des gens aime donner leur avis.

Structure 2 :
Actualités.

Il est en général un peu risqué de faire des articles de curation avec l'actualité car par définition, l'actualité a une durée de vie limitée.

En revanche, créer un article d'actualité peut être une très bonne couche supplémentaire pour votre blog de curation.

Prenons un exemple.

Imaginons que vous ayez un blog de curation sur l'industrie du cinéma, et que le but de votre blog consiste à faire ressortir les leçons de vie que vous apprenez au travers des films que vous voyez.

Vous pouvez très bien ajouter à votre blog une couche supplémentaire d'actualités pour montrer à vos lecteurs que tel ou tel évènement est arrivé à telle célébrité, ou que telle ou telle célébrité a fait telle action ou s'est engagée dans tel projet.

On parle bien entendu d'information constructive et qui apporte de la valeur ajoutée et complète la thématique de votre blog, et pas des potins des célébrités.

Ainsi, utiliser les actualités pour en faire des articles de curation peut rajouter une autre dynamique à votre blog et peut être un excellent complément.

Structure 3 :
Rassembler le meilleur du meilleur.

Cette structure consiste à créer un article de curation en rassemblant le meilleur du meilleur de l'information sur un sujet donné.

En fait, votre article de curation apporte à vos lecteurs ce qu'il y a de mieux sur une thématique particulière, pour les éviter de filtrer eux-mêmes les milliers d'articles sur Internet pour trouver le meilleur.

Ce type d'article de blog est généralement plus long car vous pouvez rassembler parfois 10 à 15 articles que vous utilisez pour en faire la curation en prenant à chaque fois une petite partie de chacun.

Structure 4 :
"Trois moyens de".

Le monde semble souvent fonctionner en trio et les gens pensent généralement en trio.

Quand on regarde de plus près, on retrouve la trinité du Père du Fils et du Saint Esprit, les trois couleurs primaires rouge, vert et bleu, les tailles petit, moyen et large, etc.

Penser en trio semble être naturel chez la plupart du temps, et c'est peut-être ce qui explique le succès des articles en curation du type "trois moyens de".

Par exemple vous pouvez faire un article de blog sur "trois moyens de générer du trafic", en utilisant trois articles que vous avez trouvés où chacun explique un moyen différent de générer du trafic tel que la publicité payante, la publicité gratuite et les joint ventures.

Structure 5 :
Le pas-à-pas.

Les gens adorent avoir une sorte de procédure ou manuel leur expliquant comment faire telle ou telle chose en pas-à-pas.

Vous pouvez ainsi trouver un ensemble d'articles où chacun explique une étape différente pour réaliser quelque chose, pour créer un article en curation pas-à-pas sur votre blog.

Ce type d'article aide vraiment vos lecteurs, et n'oubliez pas que plus vous les aiderez à être, faire ou avoir ce qu'ils souhaitent vraiment, et plus ils vous aimeront.

Structure 6 :
Erreurs à éviter.

Notre vie est une compilation d'apprentissage de nos erreurs.

Tout le monde a fait des erreurs dans sa vie qui lui ont permis de progresser, d'avancer et de s'améliorer.

Lorsque vous partagez ouvertement des erreurs qui peuvent être évitées sur un sujet donné, et si en plus vous ajoutez un brin de votre expérience personnelle en quelques lignes, cela peut constituer un article en curation extrêmement puissant.

Structure 7 :
Revues et comparaisons.

La plupart des gens ne souhaitent pas être les premiers à acheter et tester un nouveau produit ou service.

De plus, ils veulent être sûrs qu'ils font la meilleure affaire possible et qu'il n'existe pas un autre produit meilleur et moins cher.

C'est la raison pour laquelle les articles en curation de revues et comparaisons obtiennent un franc succès.

Vous pouvez comme ça créer un article en curation en utilisant un ou plusieurs autres articles qui font la critique ou la revue d'un produit particulier de votre thématique.

De même, vous pouvez créer un article en curation en utilisant un ou plusieurs articles qui comparent un produit donné à un ou plusieurs autres produits relativement similaires, pour permettre au lecteur de faire son choix.

Vous pouvez même créer une catégorie à part entière sur votre blog qui rassemblera tous les articles de revue et comparaison que vous ferez en curation.

Structure 8 :
Compilation de "classiques".

Si vous avez un blog sur la vente, la compilation de classiques consiste à regrouper les règles et principes de vente empiriques qui ont été développés et partagés par leurs précurseurs il y a plusieurs dizaines ou vingtaines d'années comme Dale Carnegie ou Earl Nightingale.

Malgré la technologie et les dernières astuces et systèmes de vente, tout le monde à un moment donné tend à se demander si les anciennes méthodes empiriques qui fonctionnent depuis 50 ou 100 ans ne seraient pas les meilleures façons de procéder (que ce soit dans les affaires ou dans la vie).

Ainsi, sans pour autant faire un blog de curation entier sur les classiques, vous pouvez très bien créer une catégorie dans laquelle vous feriez des articles en curation à partir de techniques classiques et empiriques de vente que vous trouveriez.

Structure 9 :
Innovation.

Les articles de curation d'innovation changent des articles d'actualité vus précédemment, dans le sens où ici on se concentre sur les tendances futures à venir.

Ce type d'article est parfait pour des blogs de curation où les choses avancent et changent rapidement comme par exemple tous les domaines où la technologie est présente (informatique, médical, écologie avec les panneaux solaires ou voitures électriques, etc.).

Les gens aiment et veulent entrevoir le futur et les nouvelles choses à venir.

Structure 10 :
Comment faire X.

Ce type d'article est très populaire et les gens adorent qu'on leur apprenne comment faire telle ou telle chose.

Il ne s'agit pas ici d'emprunter un ton hautain en leur disant "vous devez faire ci ou ça", mais plutôt de partager avec eux sur un ton amical et avec humilité comment faire telle ou telle chose, sans leur montrer que c'est vous le patron et que vous êtes le seul à connaître la bonne méthode.

Ainsi, vous serez certainement amené à faire des articles de curation avec cette structure "comment faire X" à un moment donné dans votre thématique.

Par exemple, *"comment obtenir 35% d'inscrits en plus sur votre mailing list"*, ou *"comment réaliser un jardin organique"*, ou encore *"comment obtenir un deuxième rendez-vous avec une femme ou un homme"*.

Lorsque vous utilisez cette structure pour faire votre article de curation, rappelez-vous que votre audience va certainement être composée de débutants, d'intermédiaires, d'avancés et d'experts.

Essayez donc d'écrire des articles de type "comment faire X" pour tous les niveaux de votre audience (à moins que votre blog ne s'adresse déjà à la base uniquement aux débutants ou uniquement aux experts).

Par exemple vous pouvez dire dans votre article :

"Voici un article pour ceux qui ont un niveau avancé. Si vous êtes dans ce cas et que vous savez déjà comment faire telle et telle chose, vous allez trouver dans cet article des informations qui vont certainement vous être très utiles."

Vous créez ensuite votre article en curation destiné aux lecteurs d'un niveau avancé, en utilisant des articles en curation que vous trouvez dans les sources sélectionnées au module précédent qui vous donnent du contenu destiné aux utilisateurs avancés.

Ainsi, le lecteur ne se sentira jamais dépassé par un article trop avancé pour lui, ou un article trop simpliste que vous auriez fait pour des débutants alors que c'est un expert qui le lit.

Vous pouvez par exemple commencer en utilisant trois niveaux d'avancement, par exemple débutant, intermédiaire et avancé, puis avoir plus tard un dernier niveau expert si vous trouvez de l'information venant de vrais experts dans votre thématique.

Selon votre thématique et la manière dont vous aurez créé vos catégories, vous pouvez même créer ces niveaux comme catégories à part entière dans votre blog.

V.5- Cas de la curation de vidéos.

Peut-être vous demandez-vous comment faire lorsque vous souhaitez faire de la curation de vidéos et non d'articles texte.

En effet, il n'est pas possible de couper une vidéo Youtube en en prenant qu'une seule partie comme vous le faites quand vous copiez les deux ou trois paragraphes d'un article texte avec en dessous un lien pour lire la suite sur le site d'origine.

L'idée est donc de simplement intégrer la vidéo en entier, et de respecter exactement les mêmes règles que pour le texte, notamment en faisant les trois étapes de curation exposées précédemment en donnant une attribution avec au minimum un lien vers la vidéo d'origine.

Vous pouvez également parfaitement utiliser l'ensemble des dix structures pour créer des articles en curation en embarquant plusieurs vidéos à la suite.

La seule chose qui change entre les articles en texte et les articles en vidéo est uniquement le fait que vous intégrez la vidéo en entier aux endroits où vous ne colliez que deux ou trois paragraphes de texte avec un lien vers l'article complet. C'est tout.

Cela dit, rappelez-vous que les moteurs de recherche ne donnent pas vraiment de poids en termes de référencement lorsque vous embarquez des vidéos car il n'y a pas de texte.

Aussi, il est important d'appliquer les trois étapes de curation afin de rajouter un minimum de texte qui permettra d'améliorer votre positionnement.

V.6- Derniers conseils pour faire de la curation d'articles.

Le premier conseil est de ne pas hésiter à utiliser les différentes structures que vous avez vues précédemment.

Ne créez pas seulement dans votre blog des articles en curation de type "comment faire X", ou de type "trois moyens de".

Utilisez plusieurs de ces structures pour varier et rendre votre blog plus agréable. Les gens aiment la variété.

De même n'hésitez pas à varier les supports en créant des articles en curation en texte, en audio ou en vidéo.

Vous pouvez même créer un même article dans lequel vous faites de la curation en texte et en vidéo.

Il n'y a pas vraiment de limite à votre créativité dans ce domaine, et vos lecteurs adoreront cette variété de structures et de supports.

Le deuxième conseil est d'adopter le ton qui correspond à votre personnalité pour tous vos articles.

Demandez-vous si vous voulez plutôt véhiculer un ton humoristique dans vos articles, ou plutôt un ton sérieux, ou académique, ou d'expert, etc.

Choisissez le ton qui correspond le mieux à votre personnalité et créez vos articles en vous basant sur ce ton.

Vous serez ainsi beaucoup plus naturel et en accord avec vous-même et vous attirerez à vous une communauté de personnes qui vous ressemble et qui est sensible au ton que vous utilisez.

Enfin, le dernier conseil est d'appliquer les trois étapes vues précédemment pour vos articles de curation qui consistent à introduire l'idée, introduire le contenu et à commenter le contenu.

Faites-le autant que possible pour un maximum d'articles.

Rappelez-vous que plus vous créez du contenu unique, mieux vous serez positionné par les moteurs de recherche. De plus, vous apportez réellement une valeur ajoutée à vos lecteurs qui souhaitent également mieux vous connaître.

Ceci termine ce cinquième module.

Vous savez maintenant comment créer un article en curation de la manière la plus efficace possible, en appliquant un simple processus en trois étapes.

En effet, vous savez faire de la curation d'articles éthiquement, tout en maximisant votre référencement par les moteurs de recherche et en ajoutant de la valeur à vos lecteurs qui vont pouvoir mieux vous connaître.

Vous avez également vu 10 structures différentes à recopier, qui vont vous permettre de créer des articles en curation plus élaborés très facilement et rapidement.

Vous avez aussi vu la manière de faire de la curation de vidéos ou de supports qui ne sont pas du texte, suivi de derniers conseils pour maximiser le succès de votre blog en curation.

Ceci termine donc la quatrième et dernière étape du processus de curation, que vous appliquerez à chaque nouvel article en curation que vous ferez.

Maintenant que vous maîtrisez l'ensemble du processus de curation, voyons voir dans le prochain module les outils qui peuvent vous permettre d'aller encore plus vite.

MODULE #6: LES MEILLEURS OUTILS DE CURATION POUR GAGNER 3 À 4 FOIS PLUS DE TEMPS.

Maintenant que vous maîtrisez le processus complet de curation, vous allez voir dans ce module des outils optionnels que vous pouvez utiliser pour aller encore plus vite dans ce processus.

Vous allez d'abord voir les outils de recherche que vous pouvez utiliser, puis les outils de publication, et enfin des conseils pour l'utilisation de ces outils.

(Notez que les outils présentés ici sont totalement optionnels et sont juste à titre informatif. Les quelques liens vers ces outils sont là uniquement pour vous permettre de les consulter en détail plus rapidement, et il ne s'agit en aucun cas de liens d'affiliation comme on peut trouver dans d'autres ouvrages. Il vous appartient donc de considérer ou non ces outils.)

VI.1- Outils de recherche de sources de contenu.

Voici quelques outils qui vont vous permettre de rechercher plus efficacement les différentes sources de contenu dans lesquelles vous allez puiser à chaque fois que vous voudrez créer un nouvel article en curation pour votre blog.

Reeder (Lecteur de flux RSS).

Comme on l'a vu dans le module IV destiné à la sélection de vos sources, utiliser les flux RSS est un excellent moyen de le faire.

L'outil Reeder est très pratique pour lire ces flux RSS.

Netvibes.

On en a aussi parlé dans le module IV, et Netvibes (www.netvibes.com/fr).est une application en ligne extrêmement pratique et totalement gratuite (seules des fonctionnalités avancées dont vous n'aurez pas besoin sont payantes).

Elle va vous donner un tableau de bord dans lequel vous pourrez organiser et voir d'un seul coup d'oeil tous les flux RSS que vous voulez.

Vous allez ainsi gagner un temps incroyable car vous aurez toutes vos sources à un seul endroit.

Google Alerts.

Egalement mentionné au module IV, Google Alerts vous permet de gagner un temps fou pour être tenu au courant par exemple chaque jour des nouveaux sites ou articles qui sortent dans votre thématique.

Il vous suffit d'entrer un ou plusieurs mots-clés sur lesquels vous souhaitez que Google se concentre, et il vous enverra chaque jour ou à la fréquence que vous voulez un email avec l'ensemble des sites web ou articles qu'il vient d'indexer liés aux mots-clés ou expressions que vous avez rentrées.

Ainsi, il vous suffit d'ouvrir une fois par jour l'email que vous recevez de leur part, et vous voyez immédiatement toutes les nouveautés liées à vos mots-clés.

Instapaper ou Evernote.

Instapaper et Evernote sont deux outils excellents qui vous permettent de mettre à un seul endroit des articles que vous trouvez sur Internet mais que vous souhaitez lire plus tard.

Que vous soyez sur un ordinateur, un téléphone portable ou une tablette, vous pouvez directement mettre l'article que vous voulez lire plus tard dans un outil comme Instapaper ou Evernote.

Ezines.

Les ezines sont des magazines électroniques délivrés par email. Si vous trouvez des ezines dans votre thématique, n'hésitez pas à vous abonner.

Vous recevrez ainsi directement le contenu dans votre boite email et pourrez l'utiliser pour faire de la curation.

BuySellAds.com.

Il s'agit d'une place de marché sur laquelle des propriétaires de blog vendent des espaces publicitaires sur leur blog à des personnes qui cherchent à mettre leurs publicités.

C'est un excellent endroit pour dénicher des blogs de votre thématique de référence. En effet, les blogs qui proposent que vous mettiez vos publicités sur leurs pages sont en général des blogs ayant beaucoup de trafic et qui fonctionnent très bien, sinon ils ne seraient pas attractifs.

Vous pouvez ainsi trouver des blogs de référence dans votre thématique qui vous serviront de sources pour faire des articles en curation.

A noter que ce site est en anglais et que les blogs qui y figurent sont généralement aussi en anglais.

Toutefois, plus qu'un site web, c'est le principe exposé ici qui est important.

Si l'anglais est un problème pour vous ou que vous comptez faire votre blog de curation en français, vous trouverez certainement de telles places de marché pour le marché francophone.

VI.2- Outils de publication.

Voici maintenant un ensemble d'outils qui vont vous aider pour votre publication d'articles.

Thème ou Plugin "Curation Traffic".

Il s'agit d'un thème ou plugin pour votre blog que vous pouvez utiliser pour faire de la curation dans un blog Wordpress (http://curationtraffic.com/).

Curation Soft.

Si vous ne deviez prendre qu'un seul outil pour faire de la curation, ça serait probablement Curation Soft (curationsoft.com).

Ce logiciel tourne sur toutes les plateformes (Windows, Mac, Linux), et vous permet très facilement de trouver des articles liés au mot-clé que vous entrez.

Vous pouvez ensuite directement créer votre article de curation dans l'interface de ce logiciel, ou utiliser les sources qu'il vous propose dans le nouveau post de blog que vous avez créé.

Curation Soft existe en version gratuite et en versions payantes avec plus de fonctionnalités. Cela dit, essayez d'abord la version gratuite car elle peut vous suffire pour accomplir votre travail de curation.

Paper.li.

Paper.li est un service en ligne qui vous permet de créer des articles de curation.

Il possède des sources à partir desquelles vous pouvez trouver du contenu, et possède des templates que vous pouvez utiliser pour vos articles.

Paper.li fait un très bon travail de curation et s'enrichit chaque jour de nouveaux articles qui vous sont proposés pour votre curation.

C'est d'ailleurs comme ça que certains blogs qui créent du contenu original reçoivent même du trafic de Paper.li, car Paper.li trouve leurs articles sur Internet pour les proposer à ses clients qui souhaitent faire de la curation.

Ainsi, n'hésitez pas à jeter un oeil à ce service, en particulier si vous créez du contenu original en plus de votre activité de curation.

Autres outils.

Vous avez également d'autres sites web dédiés à la curation tels que magnify.net (http://enterprise.waywire.com/) qui vous permet de faire de la curation vidéo, ou encore list.ly (http://list.ly/) qui permet de faire de la curation sociale à partir de listes.

Si vous n'êtes pas satisfait avec votre thème de blog actuel, vous pouvez vous tourner vers des thèmes de blog qui se rapprochent d'un aspect de style magazines, qui s'offrent bien à la curation de part une organisation logique.

Dans tous les cas, choisissez un thème sur lequel vous êtes sûrs d'avoir du support en cas de problème.

Il n'y a rien de plus rageant que de risquer de prendre un thème gratuit sans support et de voir votre site bugger au bout de quelques mois sans savoir comment le réparer.

Enfin, vous pouvez ajouter à votre blog des plugins tels que le plugin Aweber.

Il vous permettra de créer très facilement des formulaires d'inscription à votre mailing list dans un design qui correspond à votre blog, et sans avoir besoin de connaître quoi que ce soit en codage.

VI.3- Conseils d'utilisation des outils.

Le premier conseil est de choisir un outil ou un groupe d'outils une bonne fois pour toutes.

En effet, si vous commencez à changer d'outils chaque semaine, vous allez rapidement être saturé car de nouveaux outils fleurissent chaque jour.

Concentrez-vous plutôt sur votre travail de curation et ne perdez pas votre temps à changer sans cesse d'outils, ce qui est fastidieux et vous empêche d'être productif pendant ce temps-là.

Le deuxième conseil est qu'il est beaucoup plus important de trouver de nouvelles sources de contenu plutôt que de nouveaux outils de curation qui ont l'air sympa.

En effet, le coeur de la curation, c'est le contenu et pas les outils.

C'est avec le contenu que votre blog va avoir du succès, et pas avec le temps que vous passez à trouver le meilleur gadget pour faire de la curation.

Concentrez-vous donc sur le contenu et la curation et ne passez qu'un minimum de temps à choisir vos outils.

Une fois que vous avez choisi vos outils, restez-y fidèles.

Ceci termine ce sixième module.

Vous avez vu un ensemble d'outils de recherche et de publication qui vont vous faciliter le travail de curation de vos articles et vous permettre d'aller facilement trois à quatre fois plus vite.

Vous avez aussi vu des conseils d'utilisation qui insistent sur l'importance de choisir des outils et de continuer à les utiliser sans en changer toutes les semaines.

En effet, votre valeur ajoutée réside dans les articles de curation que vous créez pour vos lecteurs, et pas dans le temps que vous passez à utiliser sans cesse de nouveaux outils qui apparaissent chaque jour.

Il reste maintenant à voir dans le dernier module comment gagner de l'argent avec la curation, ainsi qu'un ensemble de derniers conseils pour la publication de vos articles en curation.

MODULE #7: GAGNEZ DE L'ARGENT AVEC LA CURATION ET DERNIERS CONSEILS DE PUBLICATION.

Dans ce dernier module, vous allez voir neufs moyens de gagner de l'argent avec la curation.

Ce module se terminera par un ensemble de derniers conseils de publication pour gagner un maximum de temps et obtenir les meilleurs résultats possibles avec votre blog de curation.

VII.1- Construisez votre liste d'emails.

Vous avez certainement entendu ça des centaines de fois car tout le monde vous donne ce conseil.

Cependant, vous devez vraiment avoir une mailing list à vous.

Pour ça, il vous suffit d'ouvrir un compte auprès d'un service d'autorépondeur comme Aweber (www.aweber.com), Getresponse (www.getresponse.com) ou encore iContact (www.icontact.com).

Vous trouverez de nombreux autres services d'autorépondeurs, et personnellement je vous conseille Aweber qui offre de nombreuses fonctionnalités et est une référence qu'utilisent les meilleurs marketeurs sur Internet.

Vous n'aurez ensuite plus qu'à mettre un formulaire d'inscription à votre mailing list sur votre blog, et demander aux gens de rejoindre votre mailing list pour recevoir du contenu nouveau et pour recevoir des cadeaux régulièrement.

Vous commencerez ainsi à bâtir petit à petit une mailing list auprès de laquelle vous pourrez faire la promotion de vos produits ou de produits d'affiliation en rapport avec votre thématique.

VII.2- Affichez des publicités sur votre blog.

Vous pouvez utiliser certains espaces de votre blog pour mettre des bannières ou des annonces publicitaires.

Sans pour autant rendre votre blog affreux en le remplissant avec des dizaines d'annonces, vous pouvez proposer un, deux ou trois placements de publicités à des endroits stratégiques sans trop surcharger le design de votre blog.

Ainsi, dès qu'un visiteur clique sur la publicité, vous êtes payé.

Vous pouvez même mettre des publicités qui font la promotion d'un produit que vous vendez en affiliation, et si un visiteur clique sur l'annonce et achète le produit, vous touchez la commission de l'affiliation.

Pour commencer avec la publicité, vous avez la régie Google Adsense qui est très bien.

Vous pouvez aussi utiliser comme on vient de le voir ces espaces pour vendre des produits en affiliation, comme par exemple avec des plateformes comme Clickbank ou Amazon.

VII.3- Vendez du trafic aux autres.

Ceci peut ne pas faire de sens pour vous si vous n'avez actuellement aucun trafic ou très peu sur votre blog.

Cela dit, au fil du temps si vous suivez les conseils de cette formation, vous aurez suffisamment de trafic pour pouvoir en vendre à d'autres personnes.

Vous pouvez en effet détourner une partie de votre trafic vers d'autres sites avec des liens ou des outils de redirection, et ainsi vendre ce trafic.

VII.4- Affichez des offres CPA.

CPA signifie coût-par-action, qui consiste à être payé quand une personne fait une action particulière par exemple en remplissant un formulaire de demande d'information.

Afficher une offre CPA plutôt qu'une offre en affiliation est souvent un moyen plus facile de gagner de l'argent.

En effet, une offre en affiliation suppose qu'il y ait une vente pour toucher de l'argent alors qu'une offre CPA vous paye à chaque fois qu'une personne fait une action particulière, même si elle paye moins bien.

Par exemple, si vous affichez une publicité pour une assurance de voiture et qu'une personne clique sur la publicité et rempli un formulaire de devis gratuit, vous êtes payé.

Les CPA sont donc un excellent moyen de gagner de l'argent à partir de votre blog de curation.

VII.5- Faites la promotion de programmes à deux niveaux de commission.

Un programme d'affiliation à deux niveaux de commission est une situation dans laquelle vous êtes payé lorsque vous poussez quelqu'un à devenir affilié d'un produit dont vous êtes déjà affilié et que cette personne fait une vente.

Vous gagnez alors une commission sur un deuxième niveau, le premier niveau étant votre commission en tant qu'affilié lorsque c'est vous qui vendez le produit.

Faire la promotion d'un programme à deux niveaux de commission est un moyen très populaire et efficace pour gagner de l'argent avec votre blog de curation, car vous ne cherchez pas à vendre quoi que ce soit.

Vous vous contentez simplement de dire à vos visiteurs :

"Etes-vous intéressé pour faire la promotion d'un produit fantastique afin de gagner de l'argent ? Regardez ce produit. Si l'idée d'en faire la promotion vous tente, signez pour devenir affilié."

Cela ne coûte absolument rien à vos visiteurs, et s'ils deviennent affiliés et qu'ils font des ventes, vous touchez la commission correspondant au deuxième niveau.

VII.6- Publiez un ezine.

Publier un ezine (magazine électronique délivré par email) est un excellent autre moyen de gagner de l'argent avec votre blog de curation.

Cela va vous permettre de vous créer une voix et de renforcer le fait d'être perçu comme une figure d'autorité.

Vous créez ainsi un lectorat loyal auquel vous pouvez envoyer des mailings de promotion à chaque fois que vous le souhaitez sans avoir quoi que ce soit à payer, tout en développant une vraie relation avec votre mailing list.

La grande puissance de publier un ezine pour gagner de l'argent réside dans le fait que ça combine deux idées puissantes qui sont d'utiliser l'email marketing et d'offrir gratuitement du contenu de qualité.

De plus, vous pouvez très bien prendre le contenu de votre blog et le mettre dans votre ezine.

Vous n'avez pas besoin d'écrire de nouvelles informations ou de faire de la curation de nouvelles informations pour votre ezine.

C'est même ce que le service d'autorépondeur Aweber appelle un broadcast de blog, qui est un moyen très ludique et efficace de lier votre blog et votre mailing list.

Ainsi, votre mailing list recevra un broadcast à chaque fois que vous publiez un nouvel article sur votre blog.

C'est un moyen totalement automatisé de publier un ezine.

VII.7- Proposez une joint venture.

Vous pouvez proposer une joint venture sur votre blog simplement en mettant un lien *"créons ensemble une JV"* ou *"Joint Venture avec moi"*.

Les gens intéressés pour faire une joint venture avec vous n'auront qu'à remplir un petit formulaire en vous disant ce qui les intéresserait de faire.

Au départ, il se peut que vous attiriez plein de personnes vous disant *"si vous faites la promotion de mon produit et lorsque nous feront des ventes, je vous paierai une commission"*. Sachez que ceci n'est pas une pure joint venture.

Cependant, vous rencontrerez des gens au fil du temps qui vont devenir des partenaires de joint venture et développerez de magnifiques relations très rentables.

VII.8- Proposez des services de co-enregistrement.

Il s'agit d'une méthode simple pour bâtir votre mailing list et voici comment elle fonctionne.

Lorsque les gens décident de s'inscrire pour rejoindre votre mailing list, ils sont en général dirigés vers une page de remerciement.

L'idée consiste à utiliser cette page de remerciement pour leur proposer de rejoindre les mailing lists d'autres personnes et similaires à la vôtre.

Lorsqu'ils le font, vous êtes payé.

C'est ainsi un moyen très puissant pour bâtir votre propre mailing list et d'être payé en même temps que vous la bâtissez.

VII.9- Utilisez votre page de remerciement pour faire des profits.

L'idée consiste à utiliser votre page de remerciement pour diffuser de la publicité et des offres au travers de la vidéo, du texte, des bannières ou des liens.

Le but est donc de créer un maximum d'opportunités sur votre blog pour que les gens voient le plus souvent possible cette page de remerciement.

Ils peuvent la voir lorsqu'ils s'inscrivent à votre mailing liste, par exemple lorsqu'ils téléchargent un cadeau gratuit que vous leur offrez et qu'ils tombent ensuite sur votre page de remerciement.

Il est donc dans votre plus grand intérêt de proposer régulièrement des cadeaux gratuits différents sur votre blog, idéalement un cadeau gratuit différent chaque semaine.

Vous pouvez facilement créer un cadeau gratuit en moins de 10 minutes, en faisant par exemple une fiche pratique d'une ou deux pages en PDF expliquant comment faire telle ou telle chose.

Par ailleurs, les gens adorent recevoir des cadeaux gratuits et vous bâtirez ainsi très rapidement votre mailing list en plus de gagner de l'argent avec votre page de remerciement.

Voici quelques idées de choses que vous pouvez mettre sur votre page de remerciement pour gagner de l'argent.

Vous pouvez y mettre une vidéo qui se lance automatiquement, ou encore un lien à cliquer sur lequel vous créez un effet de curiosité.

Vous pouvez aussi avoir un formulaire pour rejoindre une autre mailing list et faire du co-enregistrement comme on l'a vu dans la partie précédente.

Par contre, évitez à tout prix de gâcher le potentiel financier énorme que peut vous rapporter votre page de remerciement en mettant la page de remerciement par défaut que vous donne votre autorépondeur quand quelqu'un s'inscrit à votre mailing list.

C'est vraiment du pur gaspillage, d'autant que les gens ne sont jamais plus motivés à réaliser une autre action (achat, clic, remplissage d'un formulaire, etc.) que lorsqu'ils viennent d'en accomplir une en s'inscrivant à votre mailing list.

Ainsi, quoi que vous décidiez de mettre dessus, utilisez absolument la puissance de votre page de remerciement pour gagner de l'argent. Vous serez surpris des résultats.

VII.10- Derniers conseils de publication.

Vous venez de découvrir neuf moyens de gagner de l'argent avec la curation.

Cette formation touche à sa fin, et voici quelques derniers conseils de publication pour gagner un maximum de temps et tirer un maximum de résultats de votre blog de curation.

Premier conseil.

Le premier conseil pour bien vous organiser consiste à planifier la publication de tous vos articles de blog de la semaine d'un seul coup, par exemple le lundi.

Il est en effet inutile de perdre à chaque fois du temps à publier vos articles en temps réel alors que tout peut être fait automatiquement.

Comme on l'a vu, vous pouvez facilement écrire 5 à 7 articles en curation en moins de 2 heures, puis tout planifier dans Wordpress pour qu'il publie automatiquement un article chaque jour.

Ainsi en moins de deux heures, vous avez créé une semaine de contenu sans avoir besoin de revenir sur votre blog une autre fois.

Vous pouvez bien évidemment prendre de l'avance et écrire beaucoup plus d'articles et planifier un mois d'articles, ou pourquoi pas six mois d'articles.

A nouveau, si vous avez plus de temps, n'hésitez pas à publier trois articles par jour.

Cela va vraiment être d'une grande aide pour votre référencement dans les moteurs de recherche, pour augmenter rapidement votre trafic, et pour apporter beaucoup plus d'information et de valeur à vos lecteurs.

Deuxième conseil.

Le deuxième conseil est d'essayer de donner par exemple un cadeau gratuit par semaine.

Comme on l'a vu précédemment, les gens adorent recevoir des cadeaux.

C'est le moyen le plus rapide pour bâtir votre mailing list, et pour les faire accéder à votre page de remerciement sur laquelle vous allez gagner de l'argent avec les offres et publicités.

Créer un cadeau est l'affaire de quelques minutes, et les fiches pratiques PDF fonctionnent à merveille.

Il peut s'agir par exemple d'une liste des 10 outils les plus efficaces pour faire X, d'une procédure en 5 étapes pour accomplir Y, de 4 moyens d'avoir Z, etc.

En créant des cadeaux sur une base régulière, vous allez aussi créer un besoin puissant de réciprocité chez vos lecteurs qui vont vouloir vous remercier d'une manière ou d'une autre, par exemple en achetant vos produits ou en cliquant sur vos liens d'affiliation.

Ceci termine le septième et dernier module de cette formation.

Vous avez vu dans ce module neuf moyens très efficaces de gagner de l'argent avec votre blog de curation, ainsi que quelques conseils pour gagner un maximum de temps et obtenir un maximum de résultats de votre blog.

Il reste à conclure cette formation en page suivante.

CONCLUSION.

Dans cette formation, vous avez pu mettre en place un blog de curation de manière éthique, qui va vous rapporter beaucoup d'argent et vous positionner comme expert dans votre thématique.

Après avoir eu une solide vision d'ensemble de ce qu'est la curation grâce au module 1, vous avez commencé à bâtir votre blog de curation.

Chacun des modules suivants vous a détaillé une étape du processus en 4 étapes de curation.

Ainsi, la première étape détaillée dans le module 2 vous a permis de sélectionner une niche rentable et qui vous intéresse.

La deuxième étape dans le module 3 vous a permis de mettre en place la structure de votre blog, notamment en sachant comment choisir vos catégories, mots-clés, tags, et comment écrire vos liens hypertexte.

La troisième étape dans le module 4 vous a permis de sélectionner les meilleures sources de contenu pour faire vos articles de curation.

La quatrième étape dans le module 5 vous a permis d'apprendre à créer des articles de curation de manière éthique, facile et rapide.

Vos articles vont ainsi faire en sorte que l'auteur soit aussi gagnant que vous dans l'histoire, et même content que vous utilisiez son contenu.

De plus, les lecteurs se transformeront en fans car vous aurez su y injecter votre touche personnelle et unique.

Enfin, vos articles seront récompensés par les moteurs de recherche qui les positionneront en tête de leurs résultats, vous apportant une quantité immense et toujours croissante de trafic.

Une fois l'ensemble des 4 étapes du processus de curation maîtrisé, vous êtes allé encore plus loin.

Le module 6 vous a ainsi montré un ensemble d'outils pour aller jusqu'à 3 à 4 fois plus vite dans votre activité de curation.

La formation s'est terminée par le module 7 qui vous a montré neuf stratégies puissantes pour gagner beaucoup d'argent avec votre blog de curation.

Ainsi, en à peine deux heures, vous pouvez facilement créer une semaine de contenu et faire tourner de manière quasi-automatique votre blog de curation.

Non seulement votre blog ne vous demandera quasiment pas d'investissement en temps, mais il n'aura plus rien à voir avec les blogs de curation des débutants qui se lancent.

Au lieu de voler du contenu, vous partagerez du contenu pour créer une relation gagnant-gagnant avec les auteurs.

Au lieu d'essayer de monétiser votre blog et de ne gagner que des miettes, vous aurez mis en place des stratégies redoutables qui vous permettront de gagner beaucoup d'argent.

Au lieu de créer un blog perdu dans la masse et un lectorat froid et indifférent à vos articles, vous aurez créé un blog qui sera perçu comme un blog d'expert avec des lecteurs qui seront devenus vos fans et qui adoreront votre personnalité.

Les moteurs de recherche vous récompenseront également en positionnant vos articles dans les premières positions, vous envoyant toujours plus de trafic.

D'ici quelques semaines, votre blog de curation attirera un flux immense de visiteurs de part l'accumulation de vos articles et le bouche à oreille.

Vous pourrez alors reproduire ce succès avec autant de blogs de curation que vous voulez dans d'autres thématiques.

D'ici 6 à 12 mois, vous pourrez alors bâtir une véritable fortune avec de nombreuses sources de rentrées d'argent, et serez perçu comme un expert reconnu et apprécié par vos fans dans votre ou vos thématiques.

La curation est le nouveau moyen de réussir avec un blog le plus simplement, le plus rapidement et le plus efficacement, avec un minimum de temps.

Et vous maîtrisez maintenant ce processus.

Ne vous inquiétez pas si vous mettez un peu plus de temps au début, c'est tout-à-fait normal.

Comme pour chaque chose, il faut un peu de pratique avant de tout bien maîtriser.

Mais si vous appliquez correctement les conseils de cette formation, vous devriez maîtriser le processus complet de curation très rapidement, d'ici deux ou trois semaines.

Je vous souhaite tous mes voeux de succès avec la curation, et vous dis à bientôt, j'espère, dans une prochaine formation.

A PROPOS DE L'AUTEUR.

Rémy Roulier est un ancien ingénieur informatique et responsable marketing dans une multinationale.

Il est aujourd'hui auteur best-seller, digital nomad et voyage partout dans le monde, ayant acquis depuis plus de dix ans une véritable expertise dans le marketing internet et le développement personnel.

Il partage aujourd'hui ses outils et son expérience pour permettre aux autres d'atteindre également leur indépendance financière et de façonner leur vie telle qu'ils la désirent vraiment.

CRÉATIONS DU MÊME AUTEUR.

Voici aussi quelques autres de mes créations qui peuvent vous servir :

CREER UN SITE WEB LUCRATIF EN 4 SEMAINES:
LA FAÇON LA PLUS RAPIDE DE CRÉER UN BLOG OU SITE INTERNET RENTABLE EN PARTANT DE ZÉRO.
Découvrez la façon la plus rapide et simple de créer un site ou blog qui vous rapporte entre 5000 et 10000 euros par mois en partant de rien. Une méthode pas-à-pas qui vous guide en 5 modules vers votre indépendance financière, en évitant toutes les erreurs des débutants.

DEVENIR RICHE EN FREELANCE SUR LE WEB:
POURQUOI 99% DES INDEPENDANTS ECHOUENT SUR INTERNET ET COMMENT REJOINDRE LES 1% QUI GENERENT DES REVENUS A 6 CHIFFRES.
Un livre que doit posséder absolument tout entrepreneur. Il vous explique comment bâtir votre business en freelance sur le web (ou ailleurs) pour éviter de devenir un indépendant qui croule sous le travail en ne gagnant que des miettes. Découvrez exactement comment s'y prennent les freelances qui cartonnent sans (trop) travailler, et reproduisez le même modèle qui leur permet de générer des revenus à 6 chiffres.

CONTENU DE MASSE POUR VOTRE BLOG:
1 HEURE/JOUR POUR CREER 7 ARTICLES, 5 VIDEOS ET 1 PRODUIT CHAQUE
SEMAINE ET CREER UN BLOG D'AUTORITE ULTRA RENTABLE.
Découvrez une méthode radicale et inédite pour devenir un créateur de contenu à 100% et créer 7 articles, 5 vidéos et 1 produit chaque semaine en ne travaillant qu'une heure par jour du Lundi au Vendredi. Commencez immédiatement et voyez votre trafic et vos revenus exploser.

CREER UN BLOG VIDEO SANS SE RUINER:
LA METHODE COMPLETE POUR CREER UN VLOG PRO (EQUIPEMENT,
DISCOURS, TOURNAGE, MONTAGE, VIDEO, DIFFUSION) SANS SE RUINER.
Tout ce que vous devez savoir pour créer un blog vidéo de qualité professionnelle le plus facilement possible, même si vous avez peu ou pas de budget. Laissez-vous guider totalement de l'équipement à la diffusion, et voyez des milliers de fans s'agglutiner et vos ventes exploser par vos vidéos irrésistibles.

ECRIRE UNE PAGE DE VENTE HYPNOTIQUE:
54 MINUTES CHRONO POUR ECRIRE FACILEMENT UN ARGUMENTAIRE DE
VENTE FASCINANT ET VENDRE SUR INTERNET COMME UN PRO DU
COPYWRITING HYPNOTIQUE.

Une méthode clés-en-main pour écrire facilement une page de vente hypnotique, et en seulement 54 min. Bien plus puissante que le copywriting ordinaire, utilisez-là pour "forcer" vos clients à acheter vos produits en les plongeant dans un état de transe hypnotique.

CREER UNE LANDING PAGE QUI CONVERTI:
TRIPLEZ VOS VENTES, EXPLOSEZ VOTRE MAILING LIST EN MOINS DE 15
MINUTES AVEC UNE SQUEEZE PAGE OPTIMISEE.
Une méthode complète pour créer une landing page en partant de rien et obtenir d'entrée de jeu des taux de conversion records à rendre jaloux les meilleurs marketeurs. Evitez les mois de tâtonnements interminables et les centaines d'euros dépensés pour trouver la meilleure version, en prenant ce raccourci tout de suite.

VENDRE EN VIDEO COMME UN PRO:
LA NOUVELLE FAÇON LA PLUS SIMPLE ET RAPIDE DE CREER UNE VIDEO DE
VENTE ET PAGE DE VENTE VIDEO QUI CONVERTI.
Découvrez un système complet et unique en pas-à-pas pour réaliser des vidéos de vente en partant de rien. De l'équipement à la création de votre argumentaire de vente, en passant par les techniques pour amener de la présence et pour minimiser votre temps de montage vidéo, vous saurez comment obtenir des taux de conversion record dignes des meilleurs marketeurs, de la manière la plus simple, rapide, et sans vous ruiner.

TUNNELS DE VENTE SOCIAUX:
GAGNER DE L'ARGENT SUR INTERNET ET DEVENIR RICHE AUJOURD'HUI
APRES L'EXPLOSION DES RESEAUX SOCIAUX (FACEBOOK, TWITTER...) ET
YOUTUBE.

Une véritable plongée dans la psychologie de l'acheteur d'aujourd'hui et une méthode pratique qui vous permet de créer un tunnel de vente tel qui fonctionne après l'explosion des réseaux sociaux. Convertissez ainsi sans peine vos prospects en clients, en acheteurs multiples, en fans et en véritables ambassadeurs de vos produits auprès de leur amis pour étendre votre notoriété comme une trainée de poudre.

GERER SES EMOTIONS FACILEMENT:
LA MAITRISE DE SOI FACILE POUR MOBILISER SES CAPACITES (MOTIVATION,
CONFIANCE EN SOI...) A VOLONTE, INSTANTANEMENT.

Ne plus être esclave de vos états intérieurs (colère, stress, jalousie etc.) n'aura jamais été aussi facile et rapide qu'avec cette méthode qui va vous permettre de retrouver une parfaite maitrise de soi et de mobiliser instantanément n'importe qu'elle capacité.

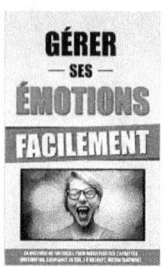

TROUVER UNE NICHE LUCRATIVE SANS SE TROMPER:
LA NOUVELLE DEMARCHE POUR CREER UN BLOG DANS UN MARCHE DE
NICHE ULTRA RENTABLE ET DEVENIR RICHE DU 1er COUP.
Tout ce qu'il vous faut pour bien choisir votre marché de niche pour être sûr de réussir, et ne pas commettre les erreurs des débutants qui se retrouvent ruinés au bout de 6 mois ou 1 an car ils ont choisi leur marché de niche en se basant sur les mauvais critères.

LA COMMUNICATION EFFICACE EN 60 MINUTES CHRONO:
DECOUVREZ LES TECHNIQUES SECRETES DE LA COMMUNICATION VERBALE ET
NON VERBALE POUR BRILLER DES CE SOIR.
Devenez un pro de la communication dans tous ses aspects, aussi bien verbale que non verbale, en seulement 60 minutes chrono. Une solution clés-en-main, facile, pour résoudre définitivement tous vos problèmes de communication sans y passer des mois ou des années!

LA MEMOIRE FACILE INSTANTANEE:
AMELIORER SA MEMOIRE, MEMORISER COMME UN CHAMPION DES CE
SOIR SANS RIEN OUBLIER ET SANS EFFORTS.
Des exercices et stratégies faciles qui vont vous permettre d'utiliser vos
différentes mémoires à plein régime et mémoriser sans peine autant
d'informations que vous voulez...instantanément et sans les oublier,
comme le font les champions de la mémorisation.

TITRES QUI VENDENT:
DANS 47 MINUTES VOUS ECRIREZ DES TITRES FACEBOOK, ADWORDS,
BLOG, PAGE DE VENTE, EMAIL COMME UN PRO DU COPYWRITING!
Découvrez les secrets et les 101 meilleurs templates pour créer des
titres chocs qui vont vous rapporter (très) gros, et acquérir les
compétences des meilleurs copywriters en seulement 47 minutes!

VAINCRE SA TIMIDITE:
LA METHODE CHOC DES EXPERTS EN CONFIANCE EN SOIR POUR SORTIR DE L'ENFER DE LA TIMIDITE FACILEMENT ET RAPIDEMENT.

Enfin une méthode pas-à-pas qui vous permet de vous libérer de votre timidité pour toujours, et d'obtenir ce magnétisme personnel que vous avez peut-être toujours cru réservé aux autres, tout ça rapidement et facilement.

SYSTEME AFFILIATION:
LA NOUVELLE FAÇON POUR ENFIN VIVRE DE SON BLOG PAR L'AFFILIATION ET DEVENIR RICHE SANS CRÉER UN SEULPRODUIT.

Ce redoutable système d'affiliation est la preuve que l'affiliation fonctionne toujours à merveille pour les rares initiés qui savent l'utiliser de la bonne manière. Mettez enfin en place en seulement quelques jours une véritable machine à générer des revenus passifs sans jamais avoir à créer le moindre produit ni vous occuper du service après vente.

ECRIRE UN EBOOK IRRESISTIBLE EN UN WEEK-END:
LA NOUVELLE METHODE POUR ECRIRE UN LIVRE QUE LES LECTEURS ADORENT, PRET A VENDRE LUNDI MATIN.

Laissez-vous guider par une procédure simple et d'une efficacité redoutable pour créer en seulement un week-end un ebook que les gens vont s'arracher, même si vous n'êtes pas expert dans un domaine.

DEVENIR RICHE EN 42 JOURS:
LA METHODE PAS-A-PAS POUR.GAGNER DE L'ARGENT SUR INTERNET ET VIVRE SES REVES EN PARTANT DE RIEN.
Une méthode prouvée qui vous guide pas-à-pas et vous permet d'atteindre votre indépendance financière en 42 jours grâce à Internet, même si vous démarrez actuellement de rien. Un must à ne pas manquer.

COMMENT SE CONCENTRER COMME EINSTEIN:
LE SECRET DES ETUDIANTS PARESSEUX POUR DECUPLER LA CONCENTRATION ET
LA MEMOIRE AVEC LA TECHNIQUE DU DOCTEUR VITTOZ.
Ce best seller dans le top 100 des meilleures ventes d'Amazon vous montrera la technique jadis utilisée par Einstein qui vous donnera le pouvoir de vous concentrer sur ce que vous voulez aussi longtemps que vous voulez.

COMMENT REUSSIR VOS EXAMENS:
LE POUVOIR INEGALE DE LA DYNAMIQUE MENTALE POUR FINIR PREMIER
DANS VOS ETUDES ET EXAMENS EN ETANT PARESSEUX.
Réussissez dès maintenant vos examens et vos études en découvrant la technique secrète utilisée par les plus grands sportifs internationaux. Spécialement adaptée ici à la réussite aux examens par des médecins et psychologues, elle vous propulsera parmi les meilleurs étudiants sans avoir à étudier davantage.

ACUPRESSION DE SECOURS:
SUPPRIMEZ IMMEDIATEMENT LE STRESS, LE MAL DE TETE, LE TROU DE
MEMOIRE PENDANT UN EXAMEN AVEC VOTRE DOIGT.
Soulagez vos douleurs et malaises immédiatement dès que vous en avez besoin et empêchez-les de vous faire rater un oral, un examen ou tout moment important de votre vie. 100% pratique, très clair et simple, ce livre est très certainement le meilleur investissement que vous puissiez faire pour votre santé et votre succès.

LA LECTURE RAPIDE EN 60 MINUTES CHRONO:
DOUBLER (OU TRIPLER) VOTRE VITESSE DE LECTURE N'A JAMAIS ÉTÉ
AUSSI FACILE!

Utilisez les meilleures techniques des lecteurs les plus rapides pour augmenter votre vitesse de lecture de 100% dès aujourd'hui.

LA RELAXATION ZEN PROFONDE:
LA VOIE ROYALE POUR LA LIBERATION EMOTIONNELLE ET LE LACHER
PRISE.

L'outil parfait pour aborder les situations du quotidien sereinement, et reprendre le contrôle de votre vie et de vos émotions dans le lâcher prise.

NUTRITION DETOX:
BIEN MANGER POUR UNE VIE DE PURE ENERGIE, FORME ET SANTE.

Plus jamais vous ne vous empoisonnerez à la malbouffe, et apprendrez les principes alimentaires qui vous redonnerons une énergie et une qualité de santé au-delà de vos espérances tout en vous faisant économiser des dizaines d'euros tous les mois.

LE MIND MAPPING FACILE:
MEILLEURE MEMOIRE, PRISE DE NOTE RAPIDE, BRAINSTORMING,
GESTION DE PROJET SANS EFFORT AVEC LES MIND MAPS.
Le Mind Map (ou carte heuristique) va révolutionner votre vie et votre mémoire en termes gain de temps, d'organisation et d'efficacité par un système puissant et redoutable de prise de notes et d'organisation de l'information autour de diagrammes basés sur la manière naturelle dont fonctionne votre cerveau. Un outil à posséder absolument.

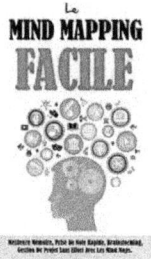

L'ANGLAIS FACILE AVEC LE MIND MAPPING:
COMMENT APPRENDRE L'ANGLAIS ET N'IMPORTE QUELLE LANGUE
RAPIDEMENT SANS JAMAIS L'OUBLIER.
Si vous avez toujours eu du mal avec les langues ou que vous souhaitiez apprendre l'Anglais facilement et rapidement, cette méthode innovante basée sur le Mind Mapping va très certainement vous y aider.

L'ESPAGNOL FACILE AVEC LE MIND MAPPING:
COMMENT APPRENDRE L'ESPAGNOL ET N'IMPORTE QUELLE LANGUE
RAPIDEMENT SANS JAMAIS L'OUBLIER.
La même chose que pour l'Anglais, mais cette fois c'est plutôt si vous souhaitez vous rendre là où les gens parlent Espagnol et apprendre cette langue facilement et rapidement à l'aide du Mind Mapping.

COMMENT SAUVER SON COUPLE EN UNE HEURE:
LA NOUVELLE MANIERE POUR EVITER LA RUPTURE AMOUREUSE ET
CREER UNE PASSION AMOUREUSE INTENSE.
Avant de penser à rompre, découvrez d'abord ce programme qui a déjà sauvé la relation amoureuse de plusieurs milliers de couples et évité de grandes souffrances de rupture, en seulement une heure.

www.ingramcontent.com/pod-product-compliance
Lightning Source LLC
Chambersburg PA
CBHW051313170526
45166CB00002B/525